creación
literaria

POSDATA

por

OCTAVIO PAZ

siglo
veintiuno
editores

MÉXICO
ESPAÑA
ARGENTINA
COLOMBIA

siglo veintiuno editores, sa
CERRO DEL AGUA 248, MEXICO 20, D.F.

siglo veintiuno de españa editores, sa
C/PLAZA 5, MADRID 33, ESPAÑA

siglo veintiuno argentina editores, sa

siglo veintiuno de colombia, ltda
AV. 3a. 17-73 PRIMER PISO. BOGOTA. D.E. COLOMBIA

portada de anhelo hernández

primera edición, 1970
cuarta edición, nuevamente corregida y aumentada, 1970
decimocuarta edición, 1980
© siglo xxi editores, s. a.
ISBN 968-23-0394-X

Índice

5

Índice

Nota

Estas páginas desarrollan y amplían la conferencia que pronuncié en la Universidad de Texas, Austin, el 30 de octubre pasado (Hackett Memorial Lecture). Su tema es una reflexión sobre lo que ha ocurrido en México desde que escribí *El laberinto de la soledad* y de ahí que haya llamado a este ensayo: *Posdata*. Es una prolongación de ese libro pero, apenas si es necesario advertirlo, una prolongación crítica y autocrítica; *Posdata* no solamente por continuarlo y ponerlo al día sino por ser una nueva tentativa por descifrar la realidad. Tal vez valga la pena aclarar (una vez más) que *El laberinto de la soledad* fue un ejercicio de la imaginación crítica: una visión y, simultáneamente, una revisión. Algo muy distinto a un ensayo sobre la filosofía de lo mexicano o a una búsqueda de nuestro pretendido ser. El mexicano no es una esencia sino una historia. Ni ontología ni psicología. A mí me intrigaba (me intriga) no tanto el "carácter nacional" como lo que oculta ese carácter: aquello que está detrás de la máscara. Desde esta perspectiva el carácter de los mexicanos no cumple una función distinta a la de los otros pueblos y sociedades: por una parte es un escudo, un muro; por la otra, un haz de signos, un jeroglífico. Por lo primero, es una muralla que nos defiende de la mirada ajena a cambio de inmovilizarnos y aprisionarnos; por lo segundo, es una máscara que al mismo tiempo nos expresa y nos ahoga. La mexicanidad no es sino otro ejemplar, una variación más, de esa cambiante idéntica criatura plural una que cada uno es todos somos ninguno. El hombre/los hombres: perpetua oscilación. La diversidad de caracteres, temperamentos, historias, civilizaciones, hace del hombre: los hombres; y el plural se resuelve, se disuelve, en un singular: yo, tú, él, desvanecidos apenas pronunciados. Como los nombres, los pronombres son máscaras y detrás de ellos no hay nadie —salvo, quizá, un nosotros instantáneo que es el parpadeo de un ello igualmente fugaz. Pero mientras vivimos no podemos escapar ni de las máscaras ni de los nombres y pronombres: somos inseparables de nuestras ficciones —nuestras facciones. Estamos condenados a inventarnos una máscara y, después, a descubrir que esa máscara es nuestro verdadero rostro. En *El laberinto de la soledad* me esforcé por eludir (claro, sin lograrlo del todo) tanto las trampas del humanismo abstracto como las ilusiones de una filosofía de lo mexicano: la máscara convertida en rostro/el rostro petrificado en máscara. En aquella época no me interesaba la definición de lo mexicano sino, *como ahora,* la crítica: esa actividad que consiste, tanto o más que en conocernos, *faith en la crítica*

en liberarnos. La crítica despliega una posibilidad de libertad y así es una invitación a la acción.

Posdata a un libro que escribí hace veinte años, estas páginas son igualmente un prefacio a otro libro no escrito. En dos obras, *El laberinto de la soledad* y *Corriente alterna,* he aludido a ese libro: el tema de México desemboca en la reflexión sobre la suerte de América Latina. México es un fragmento, una parte de una historia más vasta. Yo no sé si soy la persona más a propósito para escribir ese libro y, si lo fuese, tampoco sé si alguna vez podré hacerlo. En cambio, sé que esa reflexión deberá ser una recuperación de nuestra verdadera historia, desde el dominio español y el fracaso de nuestra revolución de independencia —un fracaso que corresponde a los de España en los siglos XIX y XX— hasta nuestros días; sé, además, que ese libro deberá enfrentarse, como su tema central, al problema del desarrollo. Las revoluciones contemporáneas en América Latina han sido y son respuestas a la insuficiencia del desarrollo y de ahí arrancan tanto su justificación histórica como sus fatales y obvias limitaciones. Para los

12

clásicos del pensamiento revolucionario del siglo XIX, la Revolución sería la consecuencia del desarrollo: el proletariado urbano pondría fin al desequilibrio entre el progreso técnico y económico (el modo de producción industrial) y el nulo o escaso progreso social (el modo de propiedad capitalista); para los caudillos revolucionarios de las naciones atrasadas o marginales del siglo XX, la Revolución se ha convertido en una vía hacia el desarrollo, con los resultados que todos conocemos. Los modelos de desarrollo que hoy nos ofrecen el Oeste y el Este son compendios de horrores: ¿podremos nosotros inventar modelos más humanos y que correspondan a lo que somos? Gente de las afueras, moradores de los suburbios de la historia, los latinoamericanos somos los comensales no invitados que se han colado por la puerta trasera de Occidente, los intrusos que han llegado a la función de la modernidad cuando las luces están a punto de apagarse —llegamos tarde a todas partes, nacimos cuando ya era tarde en la historia, tampoco tenemos un pasado o, si lo tenemos, hemos escupido sobre sus restos, nuestros pueblos se echaron a dormir durante un siglo y mientras dor-

13

mían los robaron y ahora andan en andrajos, no logramos conservar ni siquiera lo que los españoles dejaron al irse, nos hemos apuñalado entre nosotros... No obstante, desde el llamado modernismo de fines de siglo, en estas tierras nuestras hostiles al pensamiento han brotado, aquí y allá, dispersos pero sin interrupción, poetas y prosistas y pintores que son los pares de los mejores en otras partes del mundo. Y ahora, ¿seremos al fin capaces de pensar por nuestra cuenta? ¿Podremos concebir un modelo de desarrollo que sea nuestra versión de la modernidad? ¿Proyectar una sociedad que no esté fundada en la dominación de los otros y que no termine ni en los helados paraísos policiacos del Este ni en las explosiones de náuseas y odio que interrumpen el festín del Oeste?

El tema del desarrollo está íntimamente ligado al de nuestra identidad: ¿quién, qué y cómo somos? Repetiré que no somos nada, excepto una relación: algo que no se define sino como parte de una historia. La pregunta sobre México es inseparable de la pregunta sobre el porvenir de América Latina y ésta, a su vez, se inserta en otra: la del futuro de las relaciones entre

14

ella y los Estados Unidos. La pregunta sobre nosotros se revela siempre como una pregunta sobre los otros. Desde hace más de un siglo ese país se presenta ante nuestros ojos como una realidad gigantesca pero apenas humana. Sonrientes o coléricos, con la mano abierta o cerrada, los Estados Unidos ni nos oyen ni nos miran pero caminan y, al caminar, se meten por nuestras tierras y nos aplastan. Es imposible detener a un gigante; no lo es, aunque tampoco sea fácil, obligarlo a oír a los otros: si escucha, se abre la posibilidad de la convivencia. Por razón de sus orígenes (el puritano habla con Dios y consigo mismo, no con los otros) y, sobre todo, de su poderío, los norteamericanos sobresalen en el monólogo: son elocuentes y, también, conocen el valor del silencio. Pero la conversación no es su fuerte: no saben ni escuchar ni replicar. A pesar de que hasta ahora han fracasado casi todas nuestras tentativas de diálogo con ellos, durante los últimos años hemos presenciado ciertos acontecimientos que, quizá, prefiguran un cambio de actitud. Si América Latina vive un período de revueltas y transformaciones, los Estados Unidos atraviesan por otro

15

no menos violento y profundo: la rebelión de los negros y los chicanos, la de los jóvenes y las mujeres, la de los artistas y los intelectuales. Cierto, tanto por las causas que los originan como por las ideas que los inspiran, esos movimientos son distintos a los que conmueven a nuestros países y por eso cometeríamos un nuevo error si tratásemos de imitarlos ciegamente; no lo cometeremos si nos damos cuenta de que en ellos se despliega una capacidad de crítica y de autocrítica que sería vano buscar en América Latina. Nosotros todavía no aprendemos a pensar con verdadera libertad. No es una falla intelectual sino moral: el valor de un espíritu, decía Nietzsche, se mide por su capacidad para soportar la verdad. Una de las razones de nuestra incapacidad para la democracia es nuestra correlativa incapacidad crítica. Los norteamericanos —al menos los mejores, la conciencia de la nación— intentan ahora ver a la verdad, a su verdad, sin cerrar los ojos. Por primera vez en la historia de los Estados Unidos —antes sólo lo habían hecho unos cuantos poetas y filósofos— se manifiesta una poderosa corriente de opinión que pone en tela de juicio los valores

16

y creencias sobre las que se ha edificado la civilización angloamericana. Aquellos que están a la cabeza del progreso ahora lo critican: ¿no es inaudito? La crítica del progreso es un portento, una promesa de otros cambios. Si se me preguntase: ¿podrán los Estados Unidos dialogar con nosotros?, yo contestaría: sí, a condición de que aprendan antes a hablar con ellos mismos, con su propia *otredad*: con sus negros, sus chicanos y sus jóvenes. Habría que decir algo parecido a los latinoamericanos: la crítica del otro comienza con la crítica de uno mismo.

Austin, a 14 de diciembre de 1969

1

Olimpiada y Tlatelolco

1968 fue un año axial: protestas, tumultos y motines en Praga, Chicago, París, Tokio, Belgrado, Roma, México, Santiago... De la misma manera que las epidemias medievales no respetaban ni las fronteras religiosas ni las jerarquías sociales, la rebelión juvenil anuló las clasificaciones ideológicas. A esta espontánea universalidad de

21

la protesta correspondió una reacción no menos espontánea y universal: invariablemente los gobiernos atribuyeron los desórdenes a una conspiración del exterior. Aunque los supuestos y secretos inspiradores fueron casi los mismos en todas partes, en cada país se barajaron sus nombres de manera distinta. A veces hubo curiosas, involuntarias coincidencias; por ejemplo, lo mismo para el gobierno de México que para el Partido Comunista francés, los estudiantes estaban movidos por agentes de Mao y de la CIA. También fue notable la ausencia o, en el caso de Francia, la reticencia, de la clase tradicionalmente considerada como revolucionaria *per se*: el proletariado; los únicos aliados de los estudiantes han sido hasta ahora los grupos marginales que la sociedad tecnológica no ha podido o no ha querido integrar. Es claro que no estamos ante un recrudecimiento de la lucha de clases sino ante una revuelta de esos sectores que, de un modo permanente o transitorio, la sociedad tecnológica ha colocado al margen. Los estudiantes pertenecen a la segunda de estas categorías. Además, es el único grupo realmente internacional; todos los jóvenes de los países desarrollados son parte de la subcultura juvenil internacional, producto a su vez de una tecnología igualmente internacional.

Entre todos los sectores desafectos, el estudiantil es el más inquieto y, con la excepción de los negros norteamericanos, el más exasperado. Su exasperación no brota de condiciones de vida particularmente duras sino de la paradoja en que consiste ser estudiante: durante los largos años que pasan aislados en universidades y escuelas superiores, los muchachos y muchachas viven en una situación artificial, mitad como reclusos privilegiados y mitad como irresponsables peligrosos. Añádase la aglomeración extraordinaria en los centros de estudio y otras circunstancias bien conocidas y que operan como factores de segregación: seres reales en un mundo irreal. Es verdad que la enajenación juvenil no es sino una de las formas (y de las más benévolas) de la enajenación que impone a todos la sociedad tecnológica. También lo es que, debido a la irrealidad misma de su situación, habitantes de una suerte de laboratorio en donde no rigen del todo las reglas de la sociedad de afuera, los estudiantes pueden reflexionar sobre su estado y, asimismo, sobre el del mundo que los rodea. La Universidad es, a un tiempo, el objeto y la condición de la crítica juvenil. El objeto de la crítica porque es una institución que segrega a los jóvenes de la vida colectiva y que así, en esa segregación, anticipa en cierto modo su futura enajenación; los jóvenes descubren que la sociedad moderna fragmenta y separa a los hombres: el sistema no puede, por razón de su naturaleza misma, crear una verdadera comunidad. La condición de la crítica porque, sin la distancia que establece la Universidad entre los jóvenes y la sociedad exterior, no habría posibilidad de crítica y los estudiantes ingresarían inmediatamente en el circuito mecánico de la producción y el consumo. Contradicción insalvable: si la Universidad desapareciese, desaparecería la posibilidad de la crítica; al mismo tiempo, su existencia es una prueba —y más: una garantía— de la permanencia del objeto de la crítica, es decir, de aquello cuya desaparición se desea. La rebelión juvenil oscila entre estos dos extremos: su crítica es real, su acción es irreal. Su crítica da en el blanco pero su acción no puede cambiar a la sociedad e incluso, en algunos casos, lejos de atraer o de inspirar a otras clases, provoca regresiones como la de las elecciones francesas en 1968.

La acción de los gobiernos, por su parte, posee la opacidad de todos los realismos a corto plazo y que, a la larga, producen los cataclismos o las decadencias. Fortalecer el *statu quo* es fortalecer un sistema que crece y se extiende a expensas de los hombres que lo alimentan: a medida que aumenta su realidad, aumenta nuestra irrealidad. La ataraxia, el estado de ecuánime insensibilidad que los estoicos creían alcanzar por el dominio de las pasiones, la sociedad tecnológica la distribuye entre todos como una panacea. No nos cura de la desdicha que es ser hombres pero nos gratifica con un estupor hecho de resignación satisfecha y que no excluye la actividad febril. Sólo que la realidad reaparece cada vez con mayor furia y frecuencia: crisis, violencias, explosiones. Año axial, 1968 mostró la universalidad de la protesta y su final irrealidad: ataraxia y estallido, explosión que se disipa, violencia que es una nueva enajenación. Si las explosiones son parte del sistema, también lo son las represiones y el letargo, voluntario o forzado, que las sucede. La enfermedad que roe a nuestras sociedades es constitucional y congénita, no algo que le venga de fuera. Es una enfermedad que ha resistido a todos los diagnósticos, lo mismo a los de aquellos que se reclaman de Marx que a los de aquellos que se dicen herederos de Tocqueville. Extraño padecimiento que nos condena a desarrollarnos y a prosperar sin cesar para así multiplicar nuestras contradicciones, enconar nuestras llagas y exacerbar nuestra inclinación a la destrucción. La filosofía del progreso muestra al fin su verdadero rostro: un rostro en blanco, sin facciones. Ahora sabemos que el reino del progreso no es de este mundo: el paraíso que nos promete está en el futuro, un futuro intocable, inalcanzable, perpetuo. El progreso ha poblado la historia de las maravillas y los monstruos de la técnica pero ha deshabitado la vida de los hombres. Nos ha dado más cosas, no más ser.

El sentido profundo de la protesta juvenil —sin ignorar ni sus razones ni sus objetivos inmediatos y circunstanciales— consiste en haber opuesto al fantasma implacable del futuro la realidad espontánea del ahora. La irrupción del ahora significa la aparición, en el centro de la vida contemporánea, de la palabra prohibida, la palabra maldita: *placer*. Una palabra no menos explosiva y no menos hermosa que la palabra *justicia*. Cuando digo placer no pienso en la elaboración de un nuevo hedonismo ni en el regreso a la antigua sabiduría sensual —aunque lo primero no sea desdeñable y lo segundo sea deseable— sino en la revelación de esa mitad oscura del hombre que ha sido humillada y sepultada por las morales del progreso: esa mitad que se revela en las imágenes del arte y del amor. La definición del hombre como un ser que trabaja debe cambiarse por la del hombre como un ser que desea. Ésa es la tradición que va de Blake a los poetas surrealistas y que los jóvenes recogen: la tradición profética de la poesía de Occidente desde el romanticismo alemán. Por primera vez desde que nació la filosofía del progreso de las ruinas del universo medieval, precisamente en el seno de la sociedad más avanzada y progresista del mundo, los Estados Unidos, los jóvenes se preguntan sobre la validez y el sentido de los principios que han fundado a la edad moderna.

27

Esta pregunta no revela ni odio a la razón y la ciencia ni nostalgia por el período neolítico (aunque el neolítico fue, según Lévi-Strauss y otros antropólogos, probablemente la única época feliz que hayan conocido los hombres). Al contrario, es una pregunta que sólo una sociedad tecnológica puede hacerse y de cuya contestación depende la suerte del mundo que hemos edificado: pasado, presente y futuro, ¿cuál es el verdadero tiempo del hombre, en dónde está su reino? Y si su reino es el presente, ¿cómo insertar el *ahora,* por naturaleza explosivo y orgiástico, en el tiempo histórico? La sociedad moderna ha de contestar a estas preguntas sobre el ahora —*ahora mismo.* La otra alternativa es perecer en un estallido suicida o hundirse más y más en el ruinoso proceso actual en el que la producción de bienes amenaza ser ya inferior a la producción de desechos.

La universalidad de la protesta juvenil no impide que asuma características específicas en cada región del mundo. El movimiento juvenil en los Estados Unidos y en Europa contiene, según acabo de explicar, preguntas implícitas y no formuladas que atañen a los fundamentos mismos de la edad moderna y a lo que, desde el siglo XVIII, constituye su principio rector. Esas preguntas aparecen muy diluidas en los países de Europa oriental y no aparecen del todo, excepto como *slogans* vacíos, en América Latina. La razón es clara: los norteamericanos y los europeos son los únicos que tienen realmente una experiencia completa de lo que es y significa el progreso. En Occidente los jóvenes se rebelan contra los mecanismos de la sociedad tecnológica: contra su mundo tantálico de objetos que se gastan y disipan apenas los poseemos —como si fuesen una involuntaria y concluyente confirmación del carácter ilusorio que atribuyen a la realidad los budistas— y contra la violencia abierta o solapada que esa sociedad ejerce sobre sus minorías y, en el exterior, sobre otros pueblos. En cambio, en los países del Este europeo la lucha juvenil presenta dos notas ausentes en Occidente: nacionalismo y democracia. Nacionalismo frente a la dominación y la ingerencia soviética en esos países; democracia frente a las burocracias comunistas incrustadas en la vida política y económica. Es revelador que esta última aparezca como la reinvindicación inmediata y primordial de los jóvenes en el Este: la democracia, esa palabra que ha perdido casi todo su magnetismo en Occidente. Es un síntoma desolador: cualesquiera que sean las limitaciones de la democracia occidental (y son muchas y gravísimas: régimen burocrático de partidos, monopolios de la información, corrupción, etc.), sin libertad de crítica y sin pluralidad de opiniones y grupos no hay vida política. Y para nosotros, hombres modernos, vida política es sinónimo de vida racional y civilizada. Esto es verdad incluso para naciones herederas de altas civilizaciones y que, como la antigua China, no conocieron la democracia. Los jóvenes fanáticos que recitan el catecismo de Mao —de paso: mediocre poeta académico— cometen no sólo una falta estética e intelectual sino un error moral. No se puede sacrificar el pensamiento crítico en las aras del desarrollo económico acelerado, la idea revolucionaria, el prestigio y la infalibilidad de un jefe o cualquier otro espejismo análogo. Las experiencias de Rusia y México son concluyentes: sin democracia, el desarrollo económico carece de sentido, aunque éste haya sido gigantesco en el primer país y muchí-

30

simo más modesto pero proporcionalmente no menos apreciable en el segundo. Toda dictadura, sea de un hombre o de un partido, desemboca en las dos formas predilectas de la esquizofrenia: el monólogo y el mausoleo. México y Moscú están llenos de gente con mordaza y de monumentos a la Revolución.

El movimiento de los estudiantes mexicanos mostró semejanzas con los de otros países, tanto de Occidente como de Europa oriental. Me parece que la afinidad mayor fue con los de esta última: nacionalismo, sólo que no en contra de la intervención soviética sino del imperialismo norteamericano; aspiración a una reforma democrática; protesta, no en contra de las burocracias comunistas sino del Partido Revolucionario Institucional. Pero la rebelión juvenil mexicana fue singular, como el país mismo. No hay ningún dudoso nacionalismo en mi observación; México es una nación que, dentro de la civilización occidental, ocupa una posición excéntrica: "castellana rayada de azteca", decía el poeta López Velarde; asimismo, dentro de América Latina, su situación histórica es única: México vive un período posrevolucionario en tanto que la mayoría de los otros países atraviesan por una etapa prerrevolucionaria. Por último, su desarrollo económico ha sido excepcional. Después de un prolongado y sangriento período de violencia, la Revolución mexicana logró crear instituciones originales y un Estado nuevo. Desde hace cuarenta años, y especialmente en las dos últimas décadas, la economía del país ha hecho tales progresos que los economistas y sociólogos citan el caso de México como un ejemplo para los otros países subdesarrollados. En efecto, las estadísticas son impresionantes, sobre todo si se tiene en cuenta el estado en que se encontraba la nación en 1910 y las destrucciones materiales y humanas que sufrió durante cerca de veinte años de guerras civiles. Como una suerte de reconocimiento internacional a su transformación en un país moderno o semimoderno, México solicitó y obtuvo que su capital fuese la sede de los Juegos Olímpicos en 1968. Los organizadores no sólo salieron airosos de la prueba sino que inclusive añadieron al programa deportivo una nota original, tendiente a subrayar el carácter pacífico y no competitivo de la Olimpiada mexicana: exposiciones de arte universal, conciertos y representaciones de teatro y danza por compañías de todos los países, un encuentro internacional de poetas y otros actos de la misma índole. Pero dentro del contexto de la rebelión juvenil y de la represión que la siguió, estas celebraciones parecieron gestos espectaculares con los que se quería ocultar la realidad de un país conmovido y aterrado por la violencia gubernamental. Así, en el momento en que el gobierno obtenía el reconocimiento internacional de cuarenta años de estabilidad política y de progreso económico, una mancha de sangre disipaba el optimismo oficial y provocaba en todos los espíritus una duda sobre el sentido de ese progreso.

El movimiento estudiantil se inició como una querella callejera entre bandas rivales de adolescentes. La brutalidad policiaca unió a los muchachos. Después, a medida que aumentaban los rigores de la represión y crecía la hostilidad de la prensa, la radio y la televisión, en su casi totalidad entregadas al gobierno, el movimiento se robusteció, se extendió y adquirió concien-

33

cia de sí. En el transcurso de unas cuantas semanas apareció claramente que los estudiantes, sin habérselo propuesto expresamente, eran los voceros del pueblo. Subrayo: no los voceros de esta o aquella clase, sino de la conciencia general. Desde el principio se intentó aislar el movimiento tendiendo un cordón sanitario que lo aislase e impidiese el contagio ideológico. Los dirigentes y funcionarios de los sindicatos obreros se apresuraron a condenar, en términos amenazadores, a los estudiantes; lo mismo hicieron, aunque con menos violencia, los partidos políticos de la izquierda y la derecha oficiales. No obstante la movilización de todos estos medios de propaganda y de coacción moral, para no hablar de la violencia física de la policía y el ejército, el pueblo engrosó espontáneamente las manifestaciones juveniles y una de ellas, la célebre "manifestación silenciosa", agrupó a cerca de cuatrocientas mil personas, algo nunca visto en México.

A diferencia de los estudiantes franceses en mayo de ese mismo año, los mexicanos no se proponían un cambio violento y revolucionario de la sociedad ni su programa tenía el radicalismo de los de muchos gru pos de jóvenes alemanes y norteamericanos. Tampoco apareció la tonalidad orgiástica y pararreligiosa de los "hippies". El movimiento fue reformista y democrático, a pesar de que algunos de sus dirigentes pertenecían a la extrema izquierda. ¿Una maniobra táctica? Me parece más sensato atribuir esta ponderación a la naturaleza de las circunstancias y al peso de la realidad objetiva: ni el temple del pueblo mexicano es revolucionario ni lo son las condiciones históricas del país. Nadie quiere una revolución sino una reforma: acabar con el régimen de excepción iniciado por el Partido Nacional Revolucionario hace cuarenta años. Las peticiones de los estudiantes, por lo demás, fueron realmente moderadas: la derogación de un artículo del Código Penal, a todas luces inconstitucional y que contiene esa afrenta a los derechos humanos que se llama "delito de opinión"; la libertad de varios presos políticos; la distitución del jefe de la policía, etcétera. Todas estas peticiones se resumían en una palabra que fue el eje del movimiento y el secreto de su instantáneo poder de seducción sobre la conciencia popular: *democratización*. Una y otra vez los mucha-

35

chos pidieron "el diálogo público entre el gobierno y los estudiantes", preludio del diálogo entre el pueblo y las autoridades. Esta demanda recogía la que habíamos hecho un grupo de escritores en 1958, ante disturbios semejantes, aunque de menor amplitud —disturbios que anunciaban, como entonces advertimos al gobierno, los que se producirían diez años después.

La actitud de los estudiantes le daba al gobierno la posibilidad de enderezar su política sin perder la cara. Hubiera bastado con oír lo que el pueblo decía a través de las peticiones juveniles; nadie esperaba un cambio radical pero sí mayor flexibilidad y una vuelta a la tradición de la Revolución mexicana, que nunca fue dogmática y sí muy sensible a las mudanzas del ánimo popular. Se habría roto así la cárcel de palabras y conceptos en que el gobierno se ha encerrado, todas esas fórmulas en las que ya nadie cree y que se condensan en esa grotesca expresión con que la familia oficial designa al partido único: el Instituto Revolucionario. Al liberarse de su cárcel de palabras, el gobierno habría podido forzar la otra cárcel, más real, que lo envuelve y paraliza: la de los negocios

36

e intereses de los banqueros y financieros.
Restablecer la comunicación con el pueblo
hubiera significado recobrar autoridad y
libertad para dialogar con la derecha, la
izquierda —y con los Estados Unidos. Con
gran claridad y concisión una de las inteli-
gencias más agudas y honradas de México,
Daniel Cosío Villegas, apuntaba lo que a
su juicio —y debe agregarse: al de la mayoría de los mexicanos pensantes— era "el
único remedio: hacer pública de verdad
la vida pública". El gobierno prefirió ape-
lar, alternativamente, a la fuerza física y a
la retórica "revolucionario-institucional".
Estas vacilaciones eran probablemente el
reflejo de una lucha entre los "técnicos",
deseosos de salvar lo poco que aún queda
vivo de la herencia revolucionaria, y la
burocracia política partidaria de la mano
dura. Pero en ningún momento se advirtió
el deseo de "hacer pública la vida pública"
y abrir el diálogo con la gente. Las autoridades, es verdad, propusieron la negociación, sólo que entre bastidores; las pláticas
abortaron porque los estudiantes se negaron
aceptar este inmoral procedimiento.

A fines de septiembre el ejército ocupó
la Universidad y el Instituto Politécnico.

Ante la reprobación que provocó esta medida, las tropas desalojaron los locales de las dos instituciones. Hubo un respiro. Esperanzados, los estudiantes celebraron una reunión (no una manifestación) en la Plaza de Tlatelolco, el 2 de octubre. En el momento en que los recurrentes, concluido el mitin, se disponían a abandonar el lugar, la Plaza fue cercada por el ejército y comenzó la matanza. Unas horas después se levantó el campo. ¿Cuántos murieron? En México ningún periódico se ha atrevido a publicar las cifras. Daré aquí la que el periódico inglés *The Guardian,* tras una investigación cuidadosa, considera como la más probable: 325 muertos. Los heridos deben haber sido miles, lo mismo que las personas aprehendidas.* El 2 de octubre de 1968 terminó el movimiento estudiantil. También terminó una época de la historia de México.

Aunque las revueltas estudiantiles son un fenómeno mundial, se manifiestan con mayor virulencia en las sociedades más ade-

* Todavía están en la cárcel 200 estudiantes, varios profesores universitarios y José Revueltas, uno de los mejores escritores de mi generación y uno de los hombres más puros de México.

lantadas. Así, pues, puede decirse que el movimiento estudiantil y la celebración de la Olimpiada en México fueron hechos complementarios: los dos eran signos del relativo desarrollo del país. Lo discordante, lo anómalo y lo imprevisible fue la actitud gubernamental. ¿Cómo explicarla? por una parte, ni las peticiones de los estudiantes ponían en peligro al régimen ni éste se enfrentaba a una situación revolucionaria; por la otra, ningún acto de ningún gobierno —ni siquiera el de Francia, ése sí amenazado con una oleada revolucionaria— tuvo la ferocidad, no hay otra palabra, de la represión mexicana. La prensa mundial, a pesar de la diaria ración de iniquidades que contienen sus páginas, se sintió levemente escandalizada. Una popular revista norteamericana, horrorizada pero púdica, dijo que lo de México era un caso típico de *"overreaction"*, un síntoma de "la esclerosis del régimen mexicano". Curioso *understatement*... Una reacción exagerada o excesiva delata, en cualquier organismo vivo, miedo e inseguridad; y la esclerosis no sólo es signo de vejez sino de incapacidad para cambiar. El régimen mostró que no podía ni quería hacer un examen de conciencia; ahora bien, sin crítica y, sobre todo, sin autocrítica, no hay posibilidad de cambio. Esta debilidad mental y moral lo condujo a la violencia física. Como esos neuróticos que al enfrentarse a situaciones nuevas y difíciles retroceden, pasan del miedo a la cólera, cometen acciones insensatas y así regresan a conductas instintivas, infantiles o animales, el gobierno regresó a períodos anteriores de la historia de México: agresión es sinónimo de regresión. Fue una repetición instintiva que asumió la forma de un ritual de expiación; las correspondencias con el pasado mexicano, especialmente con el mundo azteca, son fascinantes, sobrecogedoras y repelentes. La matanza de Tlatelolco nos revela que un pasado que creíamos enterrado está vivo e irrumpe entre nosotros. Cada vez que aparece en público, se presenta enmascarado y armado; no sabemos quién es, excepto que es destrucción y venganza. Es un pasado que no hemos sabido o no hemos podido reconocer, nombrar, desenmascarar. Pero antes de tocar este tema —que es el tema central y secreto de nuestra historia— debo describir, en sus grandes líneas, el desarrollo del México moderno, ese desarrollo paradójico en el que la simultaneidad de los elementos contradictorios se condensa en estos dos nombres: Olimpiada y Tlatelolco.

2
El desarrollo y otros espejismos

Apenas consumada la derrota militar del antiguo régimen, el país tuvo que hacer frente al peligro que amenaza a toda revolución triunfante: la anarquía. Las querellas entre las distintas facciones que componían el movimiento revolucionario no fueron menos violentas que la rebelión armada del pueblo contra la autocracia de

Porfirio Díaz y su ejército profesional. Las facciones eran más personalistas que ideológicas pero representaban ya, en forma rudimentaria, los intereses y tendencias de las distintas clases y grupos: campesinos, rancheros, pequeña burguesía, naciente clase obrera, etc. Aunque la recién adoptada Constitución (1917) preveía la trasmisión pacífica del poder por medio de elecciones democráticas, la realidad era muy distinta: los partidos políticos no existían y el país estaba regido por la dictadura revolucionaria, es decir, por la dictadura de los caudillos militares de la Revolución. La lucha entre las facciones nunca fue democrática: no era el número de votos sino el de soldados y fusiles lo que le daba supremacía política. Cada elección presidencial degeneraba en una lucha armada que terminaba con la muerte de uno o varios de los aspirantes al poder y de muchos de sus partidarios, para no hablar de la gente inocente arrastrada por las aventuras y rencillas de los grandes. Después de haber destruido la dictadura de Porfirio Díaz, el país parecía condenado a repetir otra vez (y para siempre) el ciclo monótono y sangriento de la dictadura a la anarquía y de la anarquía a la dictadura. Pero la eliminación progresiva y violenta de los caudillos militares facilitó el tránsito hacia un régimen que, si no era democrático, tampoco era suicida ni autodestructivo. La primera medida, negativa, fue la prohibición constitucional de la reelección presidencial. Así se evitó la dictadura personal. La segunda medida, positiva, fue la fundación del Partido Nacional Revolucionario (1929). Así se aseguró la dictadura revolucionaria. Mejor dicho: la dictadura del grupo vencedor en la lucha entre las facciones.

El PNR fue una asociación de jefes militares y políticos en torno a la figura del general Calles. Agente, brazo civil del poder revolucionario, el Partido no poseía fuerza por sí mismo; su poder era el reflejo del poder del Caudillo y de los militares y caciques que regían las provincias. No obstante, a medida que la paz se extendía y que el país iniciaba el regreso hacia la normalidad, el Partido cobraba fuerza —no a expensas del Caudillo sino de los generales. La estructura política dual del México contemporáneo estaba ya en embrión en el PNR: el Presidente y el Partido. La función del nuevo organismo fue sobre todo de orden negativo: no sirvió tanto para implantar un programa como para reducir los choques entre las facciones y someter a los levantiscos. Aunque no fue una semilla de democracia, fue el comienzo de una estructura política nacional, estrechamente fundida al nuevo Estado. Entre las palabras que formaban su nombre, la significativa era la segunda (*nacional*): el PNR combatió y debilitó el poder de los sátrapas regionales y de los atamanes revolucionarios.

En 1938 Lázaro Cárdenas cambió el nombre del Partido, su composición y su programa. El Partido de la Revolución Mexicana tuvo una base social más ancha que el PNR y lo integraron cuatro grupos: el obrero, el campesino, el popular y el militar. Fue una tentativa por crear una democracia por funciones más que una democracia política. Su programa y su acción fueron auténticamente revolucionarios. El PRM se convirtió en un eficaz instrumento de auscultación y consulta del pueblo: los ojos y los oídos del excelente y generoso presidente que fue Lázaro Cárdenas. A pesar de que su lema era "Por una democracia de trabajadores", el PRM tampoco fue un partido democrático. Si no queda

48

memoria de sus debates es porque no los hubo: su política nunca fue el producto de una deliberación pública sino que le fue dictada por el presidente Cárdenas. Incluso el ingreso al Partido de las agrupaciones obreras y campesinas, lejos de fortalecerlas, contribuyó a su servidumbre ulterior. Según la mayoría de los historiadores, la Revolución propiamente dicha terminó en la década que va de 1940 a 1950. Desde entonces el desarrollo económico y la industrialización se han convertido en los objetivos inmediatos y primordiales del régimen. El iniciador de esta política fue Miguel Alemán, un presidente no menos enérgico que Cárdenas. En 1946 Alemán cambió otra vez el nombre del Partido, que ahora se llama, intrépidamente y como una curiosa ilustración de las paradojas de la política más que de la lógica: Partido Revolucionario Institucional.

Los tres nombres del Partido reflejan los tres momentos del México moderno: la creación del nuevo Estado, la reforma social y el desarrollo económico. Pero ninguna de las tendencias que caracterizan a estos tres momentos surgió del Partido sino de arriba, de la presidencia y sus consejeros.

49

¡Ninguna idea y ningún programa en los cuarenta años que lleva de vida! El Partido no es una agrupación política en el sentido recto de la palabra: ni su forma de reclutamiento es democrática ni en su seno se elaboran programas y estrategias para realizarlos. Es un organismo burocrático que cumple funciones político-administrativas. Su misión principal es la dominación política, no por la fuerza física sino por el control y la manipulación de los grupos populares, a través de las burocracias que dirigen los sindicatos obreros y las asociaciones de los campesinos y la clase media. En esta tarea cuenta con la protección del poder público y con la benévola neutralidad, cuando no con el apoyo descarado, de la casi totalidad de los medios de información: el monopolio político implica no sólo el control de las organizaciones populares sino el de la opinión pública. Al mismo tiempo, el Partido es un órgano de exploración de la conciencia popular y de sus aspiraciones y tendencias. Es una función capital y que, en el pasado, le dio flexibilidad, vitalidad y aun popularidad, pero que ahora, debido a su organización jerárquica y a la esclerosis que lo paraliza más y más, cumple con creciente ineficacia. La sordera del PRI aumenta en proporción directa al aumento del clamor popular.

Por sus funciones y por el uso inmoderado de una jerga radical, el PRI podría parecerse a los partidos comunistas del Este europeo: uno y otros son burocracias políticas incrustadas en la economía nacional, aunque las de aquellos países sean economías estatales y la nuestra sea mixta. Pero el PRI no es un partido ideológico sino de grupos e intereses, circunstancia que, si ha favorecido la venalidad, nos ha salvado de los terrores de una ortodoxia cualquiera. La variedad de tendencias qué coexisten en su interior, mejor dicho: que hasta hace poco coexistían, podría asemejarlo al Partido del Congreso de la India, sólo que hay una diferencia de cuenta: el partido mexicano no conoce la democracia interna y está dominado por un grupo de jerarcas que, a su vez, prestan obediencia ciega al presidente en turno. Esto ha sido particularmente infortunado porque la diversidad de corrientes y opiniones dentro del Partido —reflejo de las que dividen a la nación y que constituyen su realidad política y social— hubiera permitido intentar un ex-

51

perimento que, además de vitalizar y regenerar el régimen, habría ofrecido una solución a la crisis que desde hace más de diez años vive el país: iniciar la reforma democrática en el PRI mismo. Es lo que esperábamos muchos y lo que se propuso hacer, recientemente, Carlos Madrazo.* El fracaso de su tentativa es un signo de que ese remedio es ya tardío.

Al asegurar la continuidad gubernamental, el Partido ha sido un instrumento de paz y estabilidad. Frente a la pesadilla de la dictadura personal sin más límites que el poder del Caudillo y que terminaba casi siempre en una explosión sangrienta, los jefes revolucionarios idearon un régimen de dictadura institucional limitada e impersonal. El presidente tiene poderes inmensos pero no puede ocupar el puesto sino una sola vez; el poder que ejerce le viene de su investidura y desaparece con ella; el principio de rotación y selección opera dentro

* Cf. *Corriente alterna,* pp. 179, 180 y 181, en las que me ocupo asimismo del tema de la debilidad del mercado interno y de la necesidad de restablecer la democracia interna en los sindicatos obreros, medida que simultáneamente habría contribuido a la solución de los dos problemas: la crisis política y el bajo poder de consumo de nuestro proletariado.

del Partido: para ser presidente, gobernador, senador, diputado o alcalde, hay que pasar por el PRI, aprobar las asignaturas y ascender escalón por escalón. El PRI es una escuela, un laboratorio y un cedazo de dirigentes políticos y gobernantes. Los métodos de promoción son los mismos que en todas las burocracias; para ascender se requiere disciplina, espíritu de cuerpo, respeto a las jerarquías, antigüedad, capacidad administrativa, dedicación, eficacia, habilidad, suavidad, astucia, energía despiadada... Los ascensos se hacen por consenso de los superiores. Si el Partido desdeña el principio democrático de elección, acepta en cambio el derecho aristocrático de veto: aunque el presidente tiene el privilegio indisputado de designar a su sucesor, debe consultar antes con los antiguos presidentes y con los grandes jerarcas. La regla no formulada es que su candidato no debe, por lo menos, provocar la oposición de estos dignatarios. Cada uno de ellos representa poderosos intereses, desde los de las empresas privadas hasta los de las burocracias de los sindicatos obreros y las organizaciones campesinas. El derecho de veto corresponde particularmente a los antiguos presidentes:

53

son la voz de la tradición y representan la continuidad revolucionaria, algo así como el Consejo de los Ancianos.

Derecho de veto pero no de censura: el PRI jamás ha sido un órgano de crítica de la acción presidencial; al contrario, lo ha sido de apoyo incondicional a sus medidas y de diligente ejecución de sus órdenes. En México hay un horror que no es excesivo llamar sagrado a todo lo que sea crítica y disidencia intelectual; una diferencia de opinión se transforma instantánea e insensiblemente en una querella personal. Esto es particularmente cierto por lo que toca al presidente: cualquier crítica a su política se convierte en sacrilegio. Aclaro que es una veneración que desaparece al ceder el puesto a su sucesor; en verdad, la devoción se rinde más a sus atributos cívicos que a su persona real: esos atributos lo recubren como la máscara que ocultaba el rostro de las divinidades de los antiguos mexicanos y lo trasmutan, literalmente, en una Imagen. El respeto fanático a la persona del Caudillo es un sentimiento de origen árabe que se encuentra en todo el mundo hispánico; la religiosa reverencia que inspiran los atributos impersonales del presidente a

54

los mexicanos es un sentimiento de raíz azteca. Volveré más adelante sobre esto. Por ahora me limitaré a señalar lo siguiente: el Senado y la Cámara de Diputados han sido y son dos cuerpos parlanchines y aduladores que jamás han ejercitado crítica alguna; el Poder Judicial es mudo e impotente; la libertad de prensa es más formal que real; la radio y la televisión están en manos de dos o tres familias más interesadas en ganar dinero anestesiando al público con sus programas que en analizar con honradez y objetividad los problemas del país. Por último, dueño del Partido y de los medios de información, el presidente goza de una facultad casi ilimitada para utilizar los fondos federales. Lo extraordinario es que con semejantes poderes nuestros presidentes no hayan sido ni Calígulas ni Nerones. La razón reside, quizá, en los largos años de disciplina y adiestramiento que el PRI impone a sus fieles. Aparece de nuevo la relación orgánica entre la institución presidencial y el Partido; desde su origen fueron y son realidades complementarias: respuesta a una situación histórica de crisis, representaron un compromiso entre la dictadura personal de los caudillos y el programa democrático de la Revolución mexicana.

Las virtudes y los defectos del PRI son obvios. Entre las primeras sobresale su independencia del poder militar. El PRI representa el principio de separación entre el cuerpo militar y el cuerpo político de la nación, algo que no ha logrado todavía casi ninguno de los países de América Latina. ¿Conservará esa independencia en el futuro? Lo dudo muchísimo: a medida que la crisis política se encone, el PRI dependerá más y más de la fuerza física de las armas. La mayoría de los escritores que se ocupan de la historia moderna de México piensan que el Partido se ha sobrevivido pero señalan que, cualesquiera que hayan sido sus defectos, contribuyó poderosamente a la paz y estabilidad del país, sin las cuales hubiese sido imposible el desarrollo de México. Aunque coincido con esta opinión, me pregunto si muchos de los defectos de nuestro desarrollo no se deben precisamente al PRI: si es verdad que preservó la continuidad de la acción gubernamental, también lo es que impidió el análisis y la crítica de esa acción. Además y sobre todo: protegió la irresponsabilidad y la venalidad de los funcionarios encargados de realizar los programas de desarrollo económico. En cuanto al presente: concebido como un remedio extremo contra una enfermedad que parecía crónica y que amenazaba con destruir el país —el peligro de caer en el ciclo de la dictadura a la anarquía y de ésta a aquélla— el Partido perpetúa ahora un régimen de transición y de excepción. En México no hay más dictadura que la del PRI y no hay más peligro de anarquía que el que provoca la antinatural prolongación de su monopolio político.

Durante la segunda guerra mundial se terminó el período propiamente revolucionario del México moderno y se inició la etapa del desarrollo económico. El proceso ha sido semejante, aunque no idéntico, en todos los países en donde han triunfado movimientos revolucionarios que no contaban con una base económica previa y capaz de afrontar sin bancarrota el peso de las reformas sociales. Ésta es la gran limitación —sería más exacto decir: condenación— de todas las revoluciones en los países atra-

57

sados, sin excluir, por supuesto, ni la rusa
ni la china: hay una contradicción inesca-
pable entre desarrollo y reformas sociales,
una contradicción que siempre se ha resuel-
to a favor del primero. En el caso de México el cambio de orientación se debió,
entre otras circunstancias menores, a estas
tres: la decisión del régimen de proceder
a la industrialización, aun si sólo podíamos
realizarla en escala modesta, como único
remedio a los males del país; la influencia
de los Estados Unidos y la aparición de una
nueva clase capitalista. Lo primero fue determinante. En el transcurso de la guerra
los mexicanos descubrieron que, a pesar de
que los precios de sus materias primas habían aumentado considerablemente en el
mercado internacional, no podían comprar
nada en ese mismo mercado; un poco después, en la posguerra, se dieron cuenta de
que la fluctuación de los precios de esas
materias primas y su continua tendencia a
la baja, así como el alza de los precios de los
productos manufacturados, no sólo se co-
mían todos sus ahorros sino que impedían
la capitalización y, por tanto, el desarrollo. Para evitar en lo posible las condiciones
desventajosas que nos imponía el comercio

internacional, el gobierno se preocupó por diversificar la producción y volver así menos vulnerable y dependiente nuestra economía. Gracias a nuestros recursos —y también a nuestros esfuerzos— hemos sido más afortunados en esto que otros países: Cuba, por ejemplo, todavía depende del azúcar. Sin la diversificación de los productos y la bonanza de la década 1940-1950 no hubiese sido posible el acelerado desarrollo de los últimos veinte años. Sin esas circunstancias de orden económico y, agrego, sin la voluntad del gobierno de cambiar la estructura económica del país: la decisión política no fue menos importante que la coyuntura económica.

La influencia de los Estados Unidos fue considerable pero no central; en otros países no es menos determinante su presencia económica y, no obstante, en ellos no se han operado cambios estructurales equivalentes a los de México. Como este tema ha provocado y provoca muchas discusiones, debo analizarlo brevemente. El único recurso de los países débiles frente a los poderosos es aprovechar hasta el máximo las querellas entre los grandes. Ésta ha sido la política de los gobiernos mexicanos. La regla del juego es simple: a mayor número de potencias mundiales, más libertad de movimiento de las medianas y pequeñas. El juego se ha hecho más difícil desde la segunda guerra mundial. Primero se borraron todos los matices y posiciones intermedias por la alianza entre norteamericanos y rusos; inmediatamente después, a esa alianza sucedió una rivalidad que polarizó a las naciones en dos bandos irreconciliables. La ausencia de una política internacional independiente de los países de Europa occidental (el degaullismo apareció, para México, como una alternativa tardía), el carácter expansionista y nacionalista de la Rusia stalinista y la actitud intransigente y agresiva de Dulles, acentuaron el carácter defensivo de la política internacional mexicana. Y no hay que olvidar que desde 1840 la política de México frente a los Estados Unidos ha sido y es esencialmente defensiva. No sin trabajos y contradicciones el gobierno conservó, cada vez con mayor timidez y de una manera paulatinamente formal, nuestra tradición en el frente internacional; el cambio se realizó en el interior. Aunque la presión exterior propició ese cambio, lo decisivo fueron las consideraciones de orden interior. Ante la disyuntiva de acometer la industrialización o de resignarse al estancamiento, el gobierno se decidió por la primera alternativa; esta decisión lo llevó a la siguiente: aceptar que el sector privado debería ser parte esencial en el programa de desarrollo y, por tanto, favorecerlo en lo posible. Dado el carácter incipiente del capitalismo mexicano en esos años, se aceptó, no sin muchas vacilaciones y disputas internas, que en la tarea del desarrollo debería participar también el sector privado internacional (norteamericano). Así se acentuó la dependencia económica de México. Al llegar a este punto se impone una digresión, no de orden económico —no soy perito en esa materia— sino histórico.

La realidad del imperialismo económico y político de los Estados Unidos es un hecho que no es necesario demostrar y sobre el cual abundan los análisis. Ahora bien, la oposición entre los Estados Unidos y América Latina no es únicamente de naturaleza económica y política; la dicotomía es más antigua y más profunda. El imperialismo puede desaparecer mañana, ya sea por un cambio de régimen en los Estados

Unidos o, más probablemente, porque la técnica y la ciencia acabarán por descubrir sustitutos para nuestras materias primas y porque las economías de los países desarrollados serán progresivamente autosuficientes. Tal vez en un futuro no demasiado lejano los países adelantados ni siquiera esquilmarán a los subdesarrollados: los abandonarán a su miseria y a sus convulsiones. Lo cual no quiere decir que dejaremos de ser lo que somos ahora: el teatro de sus disputas y el campo de sus batallas. Pero lo que deseo subrayar es lo siguiente: la desaparición del imperialismo económico no implica la nivelación de poderes; así, pues, mientras exista ese desequilibrio de fuerzas, existirá la dominación de los Estados Unidos sobre el resto del continente. Se trata de un fenómeno que no depende directamente de la naturaleza de los regímenes económicos y políticos de cada país sino de la desigualdad de poderío entre las sociedades. Esa desigualdad se da lo mismo entre los países capitalistas que entre los llamados socialistas. Testigos: Santo Domingo y Praga. Supongamos que inclusive ese desequilibrio desaparece: la oposición persistirá porque vive en estratos más profundos que los de la organización económica y política. Hablo de realidades que han sido olvidadas o negadas de un modo terco y obtuso por el mundo moderno y que, no obstante, reaparecen ahora con mayor energía: todo ese conjunto de actitudes ante el mundo y el trasmundo, la vida y la muerte, el yo y el otro, que constituyen lo que llamamos una civilización.

Aunque rusos, chinos y japoneses hayan abrazado con parecido furor la causa de la modernidad y el progreso —dos ideas de Occidente— siguen y seguirán siendo rusos, chinos, japoneses; serán distintos y serán los mismos, como el Grifón que vio Dante en el Purgatorio. Dumézil ha mostrado que la estructura tripartita de la ideología indoeuropea ha pervivido durante milenios, a pesar de que esas sociedades experimentaron cambios que no fueron menos sino más profundos que los que han sufrido las naciones modernas. El tránsito de la sociedad nómada a las grandes civilizaciones urbanas durante el segundo milenio antes de Cristo no fue menos radical que el salto del feudalismo a la edad moderna; no obstante, el sustrato ideológico, como lo llama

Dumézil, persistió y persiste. El ejemplo del psicoanálisis me ahorra demorarme en una demostración fastidiosa: la persistencia de traumas y estructuras psíquicas infantiles en la vida adulta es el equivalente de la permanencia de ciertas estructuras históricas en las sociedades. Tales estructuras son el origen de esos haces de rasgos distintivos que son las civilizaciones. Civilizaciones: estilos de vivir y morir.

Cierto, la oposición entre los Estados Unidos y América Latina no es una oposición entre civilizaciones sino que pertenece al subgénero de contradicciones dentro de una misma civilización. Hecha esta salvedad, agrego que se trata de diferencias radicales, como me he esforzado en mostrar en muchas páginas de *El laberinto de la soledad*. Es verdad que esta relación de oposición podría ser fecunda si la fuerza de uno de los interlocutores y la angustia del otro no empañasen y viciasen el diálogo. De todos modos, el diálogo es difícil: apenas se rebasa el nivel informativo y cuantitativo, la conversación entre norteamericanos y latinoamericanos se convierte en un arriesgado caminar en círculo entre equívocos y espejismos. La verdad es que no son diálogos sino monólogos: nunca oímos lo que dice el otro o, si lo oímos, creemos siempre que dice otra cosa. Ni siquiera la literatura y la poesía escapan a este enredo de confusiones. La mayoría de los poetas y escritores norteamericanos ignoran o disminuyen a la cultura o al hombre latinoamericano. Ejemplo de lo primero: en los *Cantos* de Ezra Pound, ese gran monumento de la voracidad enciclopédica de los Estados Unidos, aparecen todas las civilizaciones y todos los hombres, excepto el mundo precolombino y la América hispano-lusitana: ni los templos mayas ni las iglesias barrocas, ni el Popol Vuh ni Sor Juana Inés de la Cruz. Ejemplo de lo segundo es la actitud de casi todos los norteamericanos que han escrito sobre o desde América Latina, sin excluir a un poeta de la distinción de Wallace Stevens: invariablemente nuestro pasado indígena o nuestro paisaje los exalta pero también invariablemente encuentran insignificante al hombre latinoamericano contemporáneo. América Latina: ruinas, naturaleza y unas figuras borrosas —los criados y el gerente del hotel. Las visiones que tenemos los latinoamericanos de los Estados Unidos son descomu-

nales y quiméricas: para Rubén Darío el
primer Roosevelt era nada menos que una
encarnación de Nabucodonosor; a Jorge
Luis Borges, cuando visitó Texas, lo primero que se le ocurrió fue escribir un poe-
ma en honor de los defensores del Álamo.
Exageraciones de la cólera, la envidia o la
obsequiosidad: para nosotros los Estados
Unidos son, al mismo tiempo y sin contradicción, Goliat, Polifemo y Pantagruel.

En su ensayo *The Mexican Revolution,
Then and Now,* el historiador Daniel Cosío Villegas afirma que el gobierno mexicano se ha convertido en un prisionero de
la nueva clase capitalista y que así paga
su error inicial: haber confiado al sector
privado una parte central de los planes de
industrialización y desarrollo.* Esta afirmación, exacta en lo esencial, debe modi-
dificarse levemente. Empezaré por subrayar
un hecho poco comentado: la nueva clase
en una criatura del régimen revolucionario, su deliberada creación, como la clase
capitalista japonesa lo fue del movimiento
de modernización que siguió a la restauración Meiji. En ambos casos se invierte la

* Daniel Cosío Villegas, *Change in Latin America*
The University of Nebraska, 1960.

66

relación a que el marxismo nos había acostumbrado y que simplifica con exceso la realidad del proceso: el Estado no es tanto la expresión de la clase dominante, al menos en su origen, sino que ésta es el resultado de la acción del Estado. A esta circunstancia agrego otra: la existencia del PRI como una organización burocrático-política relativamente autónoma y que comprende a las burocracias de las organizaciones obreras y campesinas. Es un rasgo que no aparece en otros países, excepto en los "socialistas". El PRI está incrustado en el capitalismo mexicano pero no es el capitalismo mexicano. Al analizar la nueva clase de *entrepreneurs,* Frank R. Brandenburg indica que el "régimen de Alemán originó una clase dual: parte de sus miembros se pusieron al frente de compañías privadas y otra parte asumieron la dirección de las empresas estatales".* Entre los segundos se encuentra ese amplio grupo de funcionarios que ha procurado defender, con éxito variable, la herencia de la Revolución mexicana. Es un sector distinto al del PRI y constituye la otra burocracia

* Frank R. Brandenburg, *The Making of Modern Mexico,* Prentice Hall, 1964.

del nuevo Estado, la de los técnicos y los administradores como el PRI es la burocracia política. Brandenburg observa que la nueva clase de *entrepreneurs* "muy pocas veces ocupa puestos oficiales aunque muchos políticos pasan del manejo de los asuntos públicos a los negocios privados". En suma, no sólo hay un margen de independencia entre el sector privado y el público sino .que el PRI conserva considerable autonomía. La izquierda oficial, el sector técnico dentro del gobierno y muchos grupos de intelectuales han especulado siempre con la posibilidad de que el gobierno, valiéndose precisamente de la fuerza del PRI y de los sectores populares que domina, se enfrente algún día a la iniciativa privada. Me parece que el 2 de octubre disipó esas esperanzas. Para enfrentarse a los banqueros y financieros, el PRI necesitaría primero recobrar su ascendencia entre las clases populares y para ello debería transformarse y democratizarse, algo que no puede ni quiere hacer. Por otra parte, como el Partido empieza a mostrar una alarmante incapacidad para absorber o siquiera desviar las frecuentes oleadas de inconformidad y de descontento, el sector privado tarde o temprano sentirá la tentación de deshacerse del PRI. Aquí reaparece la doble alternativa que planteó el movimiento estudiantil, la alternativa en que termina todo análisis de la presente situación mexicana: democratización o dictadura.

El desarrollo de México hubiese sido imposible sin las tres circunstancias que acabo de describir. Hay otra, igualmente importante: aunque las reformas revolucionarias no crearon un nuevo orden social, al destruir el antiguo régimen de grandes latifundistas liberaron a las fuerzas históricas que han cambiado la fisonomía de México en los últimos veinticinco años. Mencionaré lo más saliente: la tasa del crecimiento económico ha sido constantemente superior al índice del crecimiento demográfico, a pesar de que este último es uno de los más altos del mundo; el ingreso real por cabeza también ha aumentado durante todo ese período; se ha construido una red de comunicaciones que ha roto el tradicional aislamiento de los pueblos y villorrios; se ha creado una infraestructura económica relativamente sólida; el país ha cumplido la primera etapa de la industrialización (o sea: necesita importar cada vez menos bienes de consumo) y se prepara, con ciertas dificultades, a la segunda etapa; a consecuencia de la reforma agraria, la política de irrigación y construcción de presas, la aparición en el norte de la agricultura capitalista y de los magníficos esfuerzos combinados de los geneticistas mexicanos y norteamericanos que han creado nuevos tipos de semillas, especialmente de trigo, se han hecho impresionantes avances en materia agrícola y México ya puede alimentarse; los progresos en la esfera de la salud pública han sido considerables y muy apreciables los de la educación, aunque en esta rama hayan sido más lentos e insuficientes, sobre todo por lo que toca a la educación media y superior. Todos estos hechos se resumen en lo siguiente: la aparición de una clase obrera, una clase media y una clase capitalista. El viejo sueño de los liberales mexicanos del siglo pasado parece haberse realizado: al fin México es un país moderno. Sólo que si se observa con cierto detenimiento el cuadro, se perciben vastas zonas de sombra. Una modernidad desconcertante.

La política económica de desarrollo no obedeció a un plan integral y nacional a largo plazo. Así, unas regiones han sido el objeto de la solicitud y los créditos del gobierno y otras han sido abandonadas casi del todo. A esta terrible desigualdad horizontal corresponde otra, vertical y no menos injusta, extremada y oprobiosa. A pesar de que el índice de pobreza ha descendido continuamente desde hace treinta años, ese descenso no ha sido, ni con mucho, proporcional al crecimiento económico. En números absolutos hay ahora más ricos que hace treinta años pero también hay muchísimos más pobres, aunque la proporción de estos últimos haya disminuido. El desarrollo económico ha sido notable; no lo ha sido, ni con mucho, el desarrollo social: México sigue siendo un país de escandalosas desigualdades. Después de esto es fácil inferir el defecto principal de la industrialización, un defecto que hace cerca de veinte años había ya señalado el economista norteamericano Sanford Mosk: la debilidad del mercado interno. Si el gobierno no ataca este problema ampliando

71

el mercado actual y fortificando el poder adquisitivo del pueblo, el ritmo del desarrollo decrecerá y aun se paralizará. Pero para emprender esa acción son indispensables tanto una política de reformas sociales como el restablecimiento de las libertades sindicales en el interior de las agrupaciones obreras, hoy dominadas por una burocracia acomodaticia. Sin una política social de integración de la población marginal y sin libertad real de negociación de los trabajadores, el desarrollo de México se interrumpirá. La relación se ha invertido: primero fue imperativo el progreso económico; ahora, para que éste continúe, es igualmente imperativo el desarrollo social: la justicia.

En un libro reciente, James W. Wilkie resume así la evolución moderna de México, en sus tres etapas: "La revolución política destruyó el viejo orden pero no creó un Estado democrático; la revolución social atacó la antigua estructura de la sociedad pero no produjo, ni en lo social ni en lo económico, una sociedad nueva; la revolución económica aceleró y llevó a un alto nivel la industrialización pero no logró un desarrollo económico ni creó un vasto mercado interno..." * Justas en lo esencial, estas conclusiones olvidan la característica fundamental de la situación contemporánea: la existencia de dos Méxicos, uno moderno y otro subdesarrollado. Esta dualidad es el resultado de la Revolución y del desarrollo que la siguió. Asimismo es fuente de muchas esperanzas y, simultáneamente, amenaza futura. El dilema se presenta así: o el México desarrollado absorbe e integra al otro o el México subdesarrollado, por el mero peso muerto del crecimiento demográfico, terminará por estrangular al México desarrollado. Hasta ahora el primer México crece y el segundo disminuye, aunque no con la rapidez ni la proporción deseables y, sobre todo, *posibles*. Para el sociólogo Pablo González Casanova el signo positivo de la situación actual es la movilidad social: "los campesinos de ayer son los obreros de hoy y los hijos de esos obreros pueden ser mañana profesionistas". Pero el mismo escritor advierte que es urgente enderezar y reorientar el sentido del actual desarrollo económico, que

* James W. Wilkie, *The Mexican Revolution, Federal Expenditure and Social Changes since 1910*, University of California Press, 1967.

73

deberá cumplir una función social y nacional; de otro modo la distancia entre los dos Méxicos aumentará más y más: Ahora bien, creo que todos coincidimos en pensar que cualquier enmienda o transformación que se intente exige, ante todo y como condición previa, la reforma democrática del régimen. Sólo en una atmósfera realmente libre y abierta a la crítica podrán plantearse y discutirse los verdaderos problemas de México, entre ellos algunos inmensos y que el gobierno ni siquiera se ha atrevido a abordar, como el del excesivo crecimiento de la población.

Una revisión leal de lo que ocurre tanto en nuestro país como en las otras partes del mundo nos llevaría a ver con otros ojos el tema del desarrollo a toda prisa y cueste lo que cueste. Olvidemos por un momento los crímenes y las estupideces que se han cometido en nombre del desarrollo, de la Rusia comunista a la India socialista y de la Argentina peronista al Egipto nasserista, y veamos lo que pasa en los Estados Unidos y en Europa occidental: la destrucción del equilibrio ecológico, la contaminación de los espíritus y de los pulmones, las aglomeraciones y los miasmas en los suburbios infernales, los estragos psíquicos en la adolescencia, el abandono de los viejos, la erosión de la sensibilidad, la corrupción de la imaginación, el envilecimiento de Eros, la acumulación de los desperdicios, la explosión del odio... Ante esta visión, ¿cómo no retroceder y buscar *otro* modelo de desarrollo? Se trata de una tarea urgente y que requiere por igual la ciencia y la imaginación, la honestidad y la sensibilidad; una tarea sin precedentes porque todos los modelos de desarrollo que conocemos, vengan del Oeste o del Este, conducen al desastre. En las circunstancias actuales la carrera hacia el desarrollo es mera prisa por condenarse... Pero nos está vedado hablar de estos temas mientras no hayamos conseguido lo mínimo: ese ámbito libre que es el espacio natural en que se despliega lo mismo el pensamiento crítico que la imaginación.

Las crisis políticas son crisis morales. En 1943, en un artículo famoso, Jesús Silva Herzog anunció que la revolución atravesaba por una crisis quizá mortal y que esa enfermedad era más de índole moral que física. En esos años se inicia el tercer período de nuestra historia contemporánea, esa etapa que el historiador norteamericano Stanley R. Ross ha llamado el Thermidor mexicano: las ideas se transforman en fórmulas y las fórmulas en antifaces. Los moralistas se escandalizan ante las fortunas acumuladas por los antiguos revolucionarios pero no han reparado en que a este florecimiento material corresponde otro verbal: la oratoria se ha convertido en el género literario predilecto de la gente próspera. Más que un estilo es una marca, un distintivo de clase. Al lado de la oratoria y sus flores de plástico, triunfa y se propaga la sintaxis bárbara en los diarios, las inepcias de los programas de la televisión norteamericana doblados en nuestro idioma por gente que ignora tanto el inglés como el castellano, la diaria deshonra de la palabra en altavoces y radios, la cursilería empalagosa de la publicidad —toda esa asfixiante retórica a un tiempo nauseabunda y azucarada de gente satisfecha y aletargada por el mucho comer. Sentados sobre México, los nuevos señores y sus cortesanos y parásitos se relamen ante gigantescos platos de basura florida. Cuando una sociedad se corrompe, lo primero que se gangrena es el lenguaje. La crítica de la sociedad, en consecuencia, comienza con la gramática y con el restablecimiento de los significados. Esto es lo que ha ocurrido en México. La crítica del estado de cosas reinante no la iniciaron ni los moralistas ni los revolucionarios radicales sino los escritores (apenas unos cuantos entre los de las viejas generaciones y la mayoría de los jóvenes). Su crítica no ha sido directamente política —aunque no hayan rehuido tratar temas políticos en sus obras— sino verbal: el ejercicio de la crítica como exploración del lenguaje y el ejercicio del lenguaje como crítica de la realidad.

La nueva literatura, la poesía tanto como la novela, comenzó por ser simultáneamente una reflexión sobre el lenguaje y una tentativa por inventar otro lenguaje: un sistema de transparencias para provocar la aparición de la realidad. Para realizar este propósito era indispensable limpiar el idioma y extirpar la ponzoña de la retórica oficial; de ahí que los escritores tuviesen que enfrentarse a las tendencias heredadas del período revolucionario y que habían terminado por corromperse enteramente: el nacionalismo y el arte social comprometido. Ambas tendencias habían sido protegidas por los regímenes revolucionarios y por sus sucesores. No deja de ser aleccionadora esta coincidencia entre la estética oficial del stalinismo y la estética oficiosa de los políticos y jerarcas mexicanos. La pintura mural mexicana —originalmente un movimiento vigoroso— fue el ejemplo máximo de esta convivencia entre el régimen y los artistas "progresistas". La crítica del nacionalismo de colorines y del arte de *slogans* patrióticos o revolucionarios fue moral más que estética: crítica de la impostura y del arte servil. Esta crítica se extendió de la pintura mural (oratoria pintada) a esa oratoria en verso (poesía mural) que con una insistencia que se asemeja a la depravación practican muchos poetas hispanoamericanos —y no de los menores, como el gran Neruda. Liberar el arte fue el comienzo de una libertad más ancha.

La crítica del arte revolucionario o nacionalista llevó a los escritores, acompañados por los pintores jóvenes, a la crítica de la sociedad creada por la Revolución y los regímenes epígonos. De nuevo, esa crítica no fue ni es directa; tampoco contiene ningún mensaje explícito ni está inspirada por ninguna doctrina establecida.

78

La forma que adopta no es la de la moral o la de la política sino la de la exploración; no es una crítica en nombre de este o aquel principio ni es un juicio sobre la realidad: *es una visión*. La crítica del lenguaje es una operación activa que significa minar el lenguaje para descubrir lo que está escondido: los cimientos carcomidos de las instituciones, el subsuelo fangoso, los animales viscosos, el cemento y la sed, los corredores y los subterráneos interminables como prisiones, esas prisiones mexicanas que ahora encierran a tantos jóvenes... La aparición de este arte crítico y pasional, obsesionado por las imágenes dobles de la banalidad y lo maravilloso cotidianos, el humor y la pasión, sorprendió y turbó a la nueva casta en el poder. Era natural. La clase de los *entrepreneurs*, banqueros, financieros y jefes políticos da ahora sus primeros pasos por la senda que hace más de cien años caminaron sus correspondientes en Europa y los Estados Unidos; los da precisamente en el momento en que esas naciones, que han sido sus modelos y el objeto de su admiración y de su envidia, comienzan a sufrir transformaciones sustanciales, lo mismo en el orden de la tecnología que en el económico, en la esfera social y en la espiritual, en el pensamiento y en la sensibilidad. Algo termina en los países desarrollados: eso mismo que apenas se inicia entre nosotros. Lo que es alba en México es ocaso allá y lo que es allá aurora no es nada todavía en México. La modernidad en que creen los jerarcas del régimen ya no es moderna y de ahí su horror y su pánico ante los escritores y artistas: a sus ojos representan esas tendencias de disolución, crítica y negación que minan a Occidente. Así ha terminado el largo período de tregua —iniciado por la Revolución y prolongado por las necesidades (el espejismo) del desarrollo— entre los intelectuales y el poder. La cultura mexicana ha recobrado su vocación crítica.

Las instituciones de enseñanza superior en la capital y en los estados han sido los grandes centros de independencia política en los últimos años. La ideología y la fraseología de los estudiantes y los profesores mexicanos refleja la de los grupos análogos en los Estados Unidos y en Europa occidental pero, en realidad, según se vio por sus demandas, su actitud expresa las aspiraciones de las nuevas fuerzas sociales creadas por la Revolución y el desarrollo industrial. Me refiero especialmente a esos grupos que forman lo que, con un término bastante vago, se llama la clase media. Abundan en ella los individuos dedicados a tareas técnicas e intelectuales; como son los más activos e independientes, ejercen considerable influencia sobre los otros. Aunque nuestra clase media no es todavía la nueva clase de trabajadores intelectuales que ha originado la sociedad tecnológica, tampoco es la clase media tradicional. Constituye un estrato móvil de la población que, a pesar de estar relativamente satisfecha desde el punto de vista económico, sabe que su situación puede variar mañana. Esta inseguridad le infunde una agresividad y una inquietud que no aparece entre los obreros, instalados en las posiciones conquistadas y protegidos por sus sindicatos y las leyes del trabajo. A la inseguridad social debe añadirse otro sentimiento no menos poderoso; la clase media es un producto de la sociedad posrevolucionaria y nadie le asignó un lugar en el nuevo orden de

81

cosas, de modo que carece de un estatuto explícito como el proletariado o implícito como la nueva burguesía: ni sindicato ni club. Por último, es muy sensible a las desigualdades que advierte entre las funciones que realiza (considerables), su condición económica (mediocre) y su influencia política (nula). Todo esto explica que se haya convertido en la propulsora y defensora de los anhelos de cambios democráticos: escritores, profesores, intelectuales, artistas y estudiantes pertenecen a la clase media. Pero no posee una organización propia ni me parece que le sea posible crear una. Su función histórica no es expresarse como clase sino ejercer su acción crítica en muchos sitios y medios, tal como lo hace ahora: lo mismo en las universidades que en las agrupaciones de trabajadores al servicio del Estado y aun en el seno de las organizaciones obreras y del PRI. Es una fuerza nacional difusa, activa y crítica. Semillero de inconformidad y rebeldía, está destinada a despertar e inspirar a los otros grupos y clases a medida que, en el porvenir inmediato, la persistencia de la crisis agudice las luchas políticas. Esto último es seguro y no vale la pena preguntarse si habrá o no grandes batallas políticas en México sino si serán públicas o clandestinas, pacíficas o violentas. Se trata de una pregunta que sólo el régimen tiene el privilegio —y la responsabilidad— de contestar.

El proletariado mexicano no es esa clase satisfecha y arrogante que en París abandonó a los estudiantes y que en Pittsburgh desfiló contra los negros. Tampoco es una clase activamente crítica e inconforme como ciertos sectores de la media. A pesar de que sus condiciones materiales dejan muchísimo que desear, su nivel de vida la convierte en un grupo privilegiado frente a la gran mayoría de los campesinos y, sobre todo, ante la inmensa y miserable masa flotante de semidesocupados que han emigrado del campo a los centros urbanos. Este último sector es numerosísimo y su desamparo es casi absoluto. Su doble situación de desarraigados del campo y de la ciudad convierte a todos estos mexicanos andrajosos y humillados en una fuente potencial de rebelión; pero es un conjunto amorfo, aún demasiado ligado a la cultura tradicional y con nociones rudimentarias sobre el mundo y la política. No obstante, sería un error exagerar su pasividad o desdeñar su fuerza dormida. Otro tanto debo decir del proletariado: la indiferencia con que escucha las fórmulas y consignas radicales de los jóvenes extremistas no implica que manifieste la misma indiferencia ante el programa de democratización. Al contrario: los obreros han sido mediatizados y burlados por las corrompidas burocracias que dirigen los sindicatos, esas burocracias que son el pilar más fuerte del PRI. Estoy convencido de que uno de los puntos vulnerables del régimen está precisamente en las organizaciones obreras. Las aspiraciones de la clase media y de la clase obrera coinciden en esta coyuntura: ambas reclaman mayor participación política y una efectiva autonomía. Los obreros tienen necesidad de librarse de sus líderes, casta de cínicos que han convertido su función en un negocio y una carrera político-burocrática. La crítica política del régimen exige, en primer término, el restablecimiento de la democracia interna en los sindicatos. El tránsito de la democracia sindical a la política será insensible.

Ciertos voceros del gobierno —periodistas, líderes obreros y campesinos, antiguos presidentes y unos cuantos ingenuos— enarbolaron frente al movimiento estudiantil dos espantajos: el de la revolución "marxista-leninista" y el del cuartelazo militar. Para unos, la revuelta estudiantil era el preludio de la revolución social; para otros, una pérfida conspiración del imperialismo yanqui destinada a provocar un pandemonio que justificase la intervención del ejército y la liquidación del orden constitucional. Observo que el ejército efectivamente intervino pero no para liquidar el orden reinante sino a varios cientos de muchachas y muchachos reunidos en una plaza pública. Cierto, no puede ni debe descartarse una recaída en el militarismo; advierto, no obstante, que no se trata de una eventualidad inmediata. El régimen presidencialista y el PRI fueron creados como un recurso contra la recurrencia de las rebeliones militares; si en el futuro próximo se clausurase la posibilidad de una solución democrática a la crisis actual, las tensiones, desórdenes y violencias serían tales que, a la larga, abrirían la puerta a los militares. Todavía no hemos llegado allí... La posibilidad de una revolución social es aún más remota. El análisis que se ha hecho a lo largo de estas páginas excluye, desde luego, la hipótesis de una revolución en las ciudades. Falta la clase social, el protagonista histórico: en las circunstancias presentes ninguno de los sectores urbanos populares reúne las condiciones que pide la acción revolucionaria. ¿Y en el campo, en el otro México, el subdesarrollado? En vastas zonas de ese México se encuentran las causas que, según la idea general, producen las revoluciones. Digo que esa idea es "general" porque es uno de los poquísimos puntos en que casi siempre coinciden los observadores de izquierda y derecha. Disiento de unos y otros, como se verá por lo que sigue.

En el campo hay inquietud y descontento; en muchos lugares esa inquietud es ya exasperación y en otros el descontento se traduce con frecuencia en actos de violencia desesperada. Es natural: la industrialización y el desarrollo han sido pagados, en gran parte, por nuestros campesinos. En tanto que su bajísimo nivel de vida apenas si se modificaba, nacían y crecían clases nuevas y relativamente prósperas, como la obrera y la media: medio México semidesnudo, analfabeto y mal comido contempla desde hace años los progresos del otro medio. Aquí y allá ha estallado la violencia popular; ninguno de esos brotes ha tenido caracteres realmente revolucionarios: han sido y son conflictos locales. Además, el régimen posee dos armas de disuasión: el ejército y la movilidad social. El primero es odioso pero real; la segunda es un factor decisivo, una verdadera válvula de seguridad. Gracias a la movilidad social y a otras circunstancias no menos positivas —dotaciones de tierras, obras de irrigación, etc.— sería absurdo decir que la situación del campo es revolucionaria. No lo es decir que es angustiosa. Pero mi desacuerdo frente a los profetas de la revolución del campo se apoya en razones distintas a las fundadas en la condición económica y social de los campesinos. Sobre los movimientos agrarios —esto lo vio Marx mejor que nadie— pesa una doble condenación: disiparse en una serie de rebeliones locales o inmovilizarse a medio camino, hasta que son destruidos u otras fuerzas sociales se apoderan de ellos y los transforman en verdaderas revoluciones. Entre el ejercicio del poder y la clase campesina hay una suerte de contradicción esencial y permanente: no ha habido ni habrá un Estado campesino. Los campesinos nunca han querido ni quieren tomar el poder; y cuando lo toman, no saben qué hacer con ese poder. Desde Sumeria y Egipto hay una relación orgánica entre el Estado y la urbe; existe la misma relación, sólo que en sentido inverso de oposición y contradicción, entre la sociedad campesina y el Estado. Nuestro único vínculo con el neolítico, esa edad feliz que apenas si conoció al monarca y al sacerdote, son los campesinos.

Un ejemplo muy claro de esta repugnancia ante el poder —o de esta incapacidad para conquistarlo— es Hidalgo y su ejército de campesinos ante la ciudad de México: la saben inerme y abandonada pero no se atreven a tomarla; dan marcha atrás y unos meses después el ejército campesino es aniquilado e Hidalgo fusilado. En el período revolucionario, durante la ocupación de la capital por las tropas de Zapata y de Villa, los dos jefes populares visitaron el Palacio Nacional; todo el mundo sabe que Zapata vio con horror la silla presidencial y que, a diferencia de Villa, se negó a sentarse en ella. Más tarde dijo: "deberíamos quemarla para acabar con las ambiciones". (Una observación al pasar: la supersticiosa veneración que inspira a los mexicanos la Silla Presidencial —aquí las mayúsculas son de rigor— es un indicio más de la permanencia de lo azteca y lo hispanoárabe en nuestra sensibilidad; el culto que profesamos al poder está hecho de adoración y terror: los sentimientos ambiguos del cordero frente al cuchillo.) Zapata tenía razón: el poder corrompe y deberíamos quemar todas las sillas y tronos. Ahora bien, en el contexto inhumano de la historia, particularmente en una etapa revolucionaria, la actitud de Zapata tenía el mismo sentido que el gesto de Hidalgo ante la ciudad de México: a aquel que rehusa el poder, por un proceso fatal de reversión, el poder lo destruye. El episodio de la visita de Zapata al Palacio Nacional ilustra el carácter del movimiento campesino y su suerte posterior: su aislamiento en las montañas del sur, su cerco y su final liquidación por obra de la facción de Carranza. La victoria de este último y, más tarde, la de Obregón y Calles, se debió a que los tres caudillos, a pesar de que representaban tendencias conservadoras, especialmente Carranza, expresaban igualmente y sobre todo aspiraciones y programas na-

89

cionales. Villa era la dispersión y Zapata era el aislamiento, la segregación; los otros, una vez derrotados los ejércitos campesinos, integraron las demandas del movimiento agrario en un programa más vasto y nacional.

El campesino está atado al suelo; su visión no es nacional y aún menos internacional; por último, concibe las organizaciones políticas en términos tradicionales: sus modelos de asociación son los lazos consanguíneos, los religiosos y los patrimoniales. Cuando brotan en el campo rebeliones, siempre son locales y provinciales; para que esos brotes se transformen en un movimiento revolucionario son imprescindibles, por lo menos, dos condiciones: una crisis del poder central y la aparición de fuerzas revolucionarias capaces de trasmutar las rebeliones aisladas de los campesinos en revoluciones nacionales. Esto último se cumple, en general, a través de un proceso que esencialmente consiste en el desarraigo de los campesinos y en su militarización: el campesino se convierte en soldado y el soldado en revolucionario. El proceso debe coincidir con la crisis del poder central y su desmoronamiento en las ciudades, sea a causa de una derrota militar (Rusia) o de un conflicto interior doblado de una guerra extranjera (China). Si esas dos condiciones no se presentan, la rebelión campesina es una llamarada que se extingue; Zapata habría sido un líder oscuro perdido en las soledades del sur de no haber coincidido su insurgencia con la insurrección general del país y con el derrumbe del régimen de Díaz en la capital. El caso de Cuba se ajusta también al esquema que acabo de esbozar, aunque con la diferencia radical de que en Cuba ni siquiera hubo rebelión campesina: un pequeño ejército de revolucionarios liquidó a un régimen podrido y que carecía ya de todo apoyo popular, inclusive el de la burguesía. Las teorías sobre la guerrilla del infortunado comandante Guevara (la disidencia intelectual no excluye ni el respeto ni la admiración) fueron y son un extraño renacimiento de la ideología de Blanqui en pleno siglo xx. Extraño por inesperado y por desesperado. Pero Blanqui, al menos, fundaba su acción en la homogeneidad de la masa urbana, en tanto que la teoría de la guerrilla ignora la heterogeneidad entre el campo y la ciudad. Repetiré, por último, que si un movimiento rebelde campesino no se inserta en un proceso revolucionario más amplio de carácter nacional, se inmoviliza. La rebelión de los Turbantes Amarillos, al final del período Han, en la antigua China, logró hacer frente por años a los ataques combinados del poder imperial y la burocracia confuciana. Los Turbantes Amarillos eran campesinos-soldados, dominaban un extenso territorio, se habían organizado en una sociedad de tipo comunitario y estaban unidos por lazos más estrechos y fuertes que los de cualquier ideología moderna: un taoísmo popular con una fuerte coloración magico-religiosa. Todas estas circunstancias les dieron energía para resistir al poder central, no para vencerlo; incapaz de propagarse, la rebelión se inmovilizó hasta que, cercada, fue extirpada sin piedad. La rebelión de los Turbantes Amarillos no representaba una alternativa nacional... En suma, para que una revuelta campesina prospere es indispensable que coincida con una crisis profunda del poder central en las ciudades. En México *todavía* no se produce esa conjunción.

Tres conclusiones se desprenden de mi análisis: en primer término, la crisis de México es una consecuencia del cambio en la estructura social y de la aparición de nuevas clases, es una crisis del México desarrollado; en segundo lugar, sólo una solución democrática permitirá que se planteen los graves problemas del país, en especial el de la integración del México subdesarrollado o marginal, y que se adopte una política de verdad nacional, lo mismo en el exterior que en el interior; por último, si el régimen impidiese la solución democrática, el resultado no sería el *statu quo* sino una situación de inmovilidad forzada que terminaría por provocar una explosión y la recaída en el ciclo de la anarquía a la dictadura.

No faltará quien advierta que en este esquema no aparece la otra solución, la extrema: la solución revolucionaria. Sobre esto ya me he explicado en estas páginas. Además, depende de lo que se entienda por revolución: si es lo que ha entendido Occidente desde el nacimiento de la edad moderna, ya he expuesto en varias obras (*Corriente alterna* y *Conjunciones y disyunciones*) mi creencia: asistimos al fin de

93

la época de las revoluciones en los países desarrollados. ¿Y en los subdesarrollados? Sin duda nos aguarda un período de grandes revueltas y cambios profundos; esas transformaciones serán inmensas pero no sé si sea legítimo llamarlas revoluciones, en el sentido riguroso del término. Experimento la misma duda, por lo demás, ante las revoluciones de esa primera mitad del siglo. No es ésta la ocasión para tratar el tema; diré solamente que es algo más que una querella lingüística. En todo caso, la historia de la edad moderna nos muestra que, por lo visto, hay dos clases de revoluciones: aquellas que son consecuencia del desarrollo (el histórico, económico y social tanto como el cultural) y cuyo ejemplo más perfecto es la Revolución francesa; y aquellas otras que estallan a causa precisamente de un desarrollo insuficiente. A estas últimas son a las que no sé si les conviene el nombre de revolución. Llámeselas como se quiera, lo cierto es que son movimientos que, al triunfar, deben enfrentarse al problema del desarrollo y que, para resolverlo, sacrifican sus otros objetivos sociales y políticos. En este caso la revolución no es un resultado del desarrollo sino un método para acelerarlo. Ahora bien, todas esas revoluciones, de la rusa a la mexicana, internacionalistas o nacionalistas, degeneran en regímenes burocráticos más o menos paternalistas y opresores.

Aquí debo repetir, a riesgo de pesadez, que el rasgo distintivo de la situación mexicana es la existencia de una burocracia política, constituida en Partido estatal y compuesta por especialistas en la manipulación de las masas. Hecho a la imagen de la realidad política y social de México, el PRI es una burocracia jerárquica, una verdadera pirámide. Ahora bien, según me propongo mostrar en el capítulo final de este libro, además de constituir una realidad social y política, esta pirámide encarna una realidad imaginaria; sin cesar de ser realidades políticas, el PRI y el Presidente son proyecciones míticas, formas en las que se condensa la imagen que nos hemos hecho del poder. Con esto no quiero decir que el PRI sea un fenómeno exclusivamente mexicano, aunque sí lo sean los mitos que lo nutren. Ya apunté la universalidad del fenómeno y la causa que, probablemente, lo explica. La aparición de las burocracias políticas en el siglo XX es quizá la consecuencia de revoluciones sociales en países insuficientemente desarrollados; la imposición de modelos avanzados de desarrollo a sociedades arcaicas tanto como la aceleración forzada del proceso, explican la institución de regímenes de excepción. La contradicción entre estas dos palabras, *institución* y *excepción*, expresa la contradicción básica. Una contradicción que es de orden económico pero asimismo social e histórico. Con frecuencia se olvida que apenas una porción de Occidente —que no comprende a España, Portugal, América Latina, la mayoría de los Balcanes y de los países eslavos, para no hablar de los casos de Alemania e Italia— posee realmente la doble y complementaria tradición de la democracia política y el pensamiento crítico, los dos elementos centrales que conforman lo que llamamos *modernidad*.

El pensamiento social moderno no previó la aparición de regímenes burocráticos y, hasta hace poco, había desdeñado analizar el fenómeno. Claro, tanto los liberales como los revolucionarios estaban poseídos por la idea de que el Estado es una realidad secundaria, carente de exis-

96

tencia propia, mera expresión de la clase dominante o de los grupos fundamentales que componen una sociedad determinada. Los liberales pensaban que, gracias a los controles democráticos, el Estado poco a poco se debilitaría y humanizaría; los marxistas, más radicales, afirmaban que en las sociedades socialistas el Estado comenzaría a extinguirse, hasta evaporarse del todo al advenimiento del comunismo. No solamente ha ocurrido exactamente lo contrario sino que ahora empezamos a sospechar que el Estado es una realidad relativamente autónoma. Nos hace falta un análisis verdadero —quiero decir: objetivo y crítico— del Estado contemporáneo. Por ejemplo, aunque esté íntimamente ligado a ambos, el PRI no es una simple agencia de la burguesía mexicana o del imperialismo norteamericano; ninguno de los dos explica la existencia del PRI. En cuanto a los países del este europeo: si es evidente que esos partidos comunistas no "expresan" a sus respectivos proletariados, ¿a qué clases sociales "representan"? Con la teoría del "modo asiático" de producción y con la llamada teoría hidráulica se ha intentado, sin gran éxito,

97

explicar los antiguos despotismos orientales, todos ellos caracterizados por el predominio de inmensas burocracias pero ¿qué teoría podrá explicar la aparición, en la era tecnológica, de las burocracias? En los círculos cercanos a Trotski, en los años inmediatamente anteriores a su asesinato, se discutió mucho el tema de la "verdadera naturaleza" del Estado soviético y, en consecuencia, se elaboraron varias hipótesis acerca de la función y el carácter de la burocracia dentro de ese sistema. Fiel a Marx, Trotski se negó siempre a aceptar que la burocracia fuese una clase. Entonces, ¿qué es? No sólo no hemos logrado contestar a esta pregunta sino que tampoco hemos sido capaces de formularla de una manera rigurosa. La burocracia sigue siendo un concepto fantasmal, elusivo.

La fusión entre el Estado y lo que los norteamericanos llaman el "military complex" es uno de los aspectos más inquietantes de la evolución de los países capitalistas. El fenómeno parece consistir en lo siguiente: no se trata de la dominación del Estado por grupos financieros y económicos sino de la emergencia de formaciones casi institucionales que, por el control de los medios económicos, militares y políticos, se proponen una política de dominación nacional y/o mundial. No la supeditación de la política y del Estado a los intereses financieros de una minoría sino más bien el monopolio de la economía y del Estado por grupos y sistemas en los cuales son ya indistinguibles los intereses financieros de los políticos y ambos de los militares. A las máscaras de Hitler y Stalin sucede ahora una realidad incorpórea y a la que no podemos siquiera nombrar y maldecir. Para nombrarla, necesitamos conocerla; sólo así podremos vencerla... Otra sorpresa: los regímenes burocráticos contemporáneos desmienten la idea de la historia como un proceso lineal análogo a la demostración de un discurso: esclavismo, feudalismo, capitalismo, etc. Pero no es la primera vez que una crisis histórica desemboca en un régimen burocrático: a la China feudal no sucedió el capitalismo sino el sistema de los mandarines, una casta de letrados especializados en la política y que, en alianza inestable con los militares, el Emperador y otras fuerzas, gobernó a ese país durante dos mil años. La diferencia es que nuestras modernas burocracias están compuestas por iletrados. Esto es, en el fondo, una fortuna: uno de los poquísimos rasgos alentadores de la situación contemporánea es que, en todas partes, la cultura es crítica y antiautoritaria.

Nadie sabe la forma del futuro: es un secreto —ésa es la enseñanza de este medio siglo de trastornos— que no está ni en los libros de Marx ni en los de sus adversarios. Pero podemos decirle algo a ese futuro que en alguna parte construyen unos muchachos apasionados y terribles: toda revolución sin pensamiento crítico, sin libertad para contradecir al poderoso y sin la posibilidad de sustituir pacíficamente a un gobernante por otro, es una revolución que se derrota a sí misma. Un fraude. Mis palabras irritarán a muchos; no importa, el pensamiento independiente es casi siempre impopular. Hay que renunciar definitivamente a las tendencias autoritarias de la tradición revolucionaria, especialmente de su rama marxista. Al mismo tiempo, hay que romper los monopolios contemporáneos —sean los del Estado, los partidos o el capitalismo privado— y encontrar formas, nuevas y realmente efectivas, de control democrático y popular lo mismo del poder político y económico que de los medios de información y de la educación. Una sociedad plural, sin mayorías ni minorías: en mi utopía política no todos somos felices pero, al menos, todos somos responsables. Sobre todo y ante todo: debemos concebir modelos de desarrollo viables y menos inhumanos, costosos e insensatos que los actuales. Dije antes que ésta es una tarea urgente: en verdad, *es la tarea de nuestro tiempo.* Y hay algo más: el valor supremo no es el futuro sino el presente; el futuro es un tiempo falaz que siempre nos dice "todavía no es hora" y que así nos niega. El futuro no es el tiempo del amor: lo que el hombre quiere de verdad, lo quiere *ahora.* Aquel que construye la casa de la felicidad futura edifica la cárcel del presente.

3

Crítica de la pirámide

A lo largo de estas páginas ha aparecido una y otra vez el tema de los dos Méxicos, el desarrollado y el subdesarrollado. Es el tema central de nuestra historia moderna, el problema de cuya solución depende nuestra existencia misma como pueblo. En general, los economistas y los sociólogos ven las diferencias entre la sociedad tradicional

los 2 mexicos

solución precisa

y la moderna como una oposición entre desarrollo y subdesarrollo: las disparidades entre los dos Méxicos son de orden cuantitativo y el problema se reduce a determinar si la mitad desarrollada podrá o no absorber a la subdesarrollada. Ahora bien, si es normal que las estadísticas omitan la descripción cualitativa de los fenómenos, no lo es que nuestros sociólogos no adviertan que detrás de esas cifras hay realidades psíquicas, históricas y culturales irreductibles a las groseras medidas que, por fuerza, debe utilizar el Censo. Esos cuadros estadísticos, además, no han sido pensados para México sino que son toscas adaptaciones de modelos extraños. Es otro caso de "imitación extralógica" y su adopción revela más aturdida irreflexión que rigor científico. Por ejemplo, entre los índices del desarrollo figuran el trigo y el maíz: el comer pan de trigo es uno de los signos de que se está más allá de la línea que separa a los subdesarrollados de los desarrollados, en tanto que comer tortilla de maíz señala que se está más acá. Dos razones se alegan para justificar la inclusión del trigo como uno de los índices del desarrollo: sus mayores virtudes nutritivas y ser un producto cuyo consumo re-

106

vela que se ha dado el salto de la sociedad tradicional a la moderna. Es un criterio que condena al subdesarrollo por la eternidad al Japón, ya que el arroz es menos nutritivo que el trigo y no es menos "tradicional" que el maíz. Por lo demás, el trigo tampoco es "moderno", de modo que nada lo distingue del arroz y del maíz excepto pertenecer a otra tradición cultural, la de Occidente (¡aunque el *chapati* hindú está hecho de trigo!). En verdad, lo que se quiere indicar es que en todo, inclusive en materia de alimentación y cocina, la civilización occidental es superior a las otras y que, dentro de ella, la más perfecta es la rama norteamericana. Otro de los índices del subdesarrollo, según nuestras estadísticas, es el uso del guarache. Si se piensa en términos de comodidad y de estética, en nuestro clima el guarache resulta superior al zapato; lo que ocurre es que, dentro del contexto de nuestra sociedad, maíz y sandalias son rasgos característicos del otro México.

La porción desarrollada de México impone su modelo a la otra mitad, sin advertir que ese modelo no corresponde a nuestra verdadera realidad histórica, psíquica y cultural sino que es una mera copia (y copia degradada) del arquetipo norte-americano. De nuevo: no hemos sido capaces de crear modelos de desarrollo viables y que correspondan a lo que somos. El desarrollo ha sido, hasta ahora, lo contrario de lo que significa esa palabra: extender lo que está arrollado, desplegarse, crecer libre y armoniosamente. El desarrollo ha sido una verdadera camisa de fuerza. Una falsa liberación: si ha abolido muchas de las antiguas e insensatas prohibiciones, en cambio nos agobia con exigencias no menos terribles y onerosas. Cierto, cuando llegó el progreso a la moderna, nuestra casa, hecha con los despojos del mundo precolombino y las viejas piedras de la civilización hispano-católica, se desmoronaba; la que hemos construido en su lugar, aparte de albergar únicamente a una minoría de mexicanos, ha sido deshabitada por el espíritu. Pero el espíritu no se ha ido: se ha ocultado. Para referirse al México subdesarrollado, algunos antropólogos usan una expresión reveladora: *cultura de la pobreza*. La designación no es inexacta sino insuficiente: el otro México es pobre y miserable; además, es efectivamente *otro*. Esa *otredad* escapa a las nociones de pobreza y de riqueza, desarrollo o atraso: es un complejo de actitudes y estructuras inconscientes que, lejos de ser supervivencias de un mundo extinto, son pervivencias constitutivas de nuestra cultura contemporánea. El *otro* México, el sumergido y reprimido, reaparece en el México moderno: cuando hablamos a solas, hablamos con él; cuando hablamos con él, hablamos con nosotros mismos.

La división de México en dos, uno desarrollado y otro subdesarrollado, es científica y corresponde a la realidad económica y social de nuestro país. Al mismo tiempo, en un estrato distinto, hay *otro* México. No me refiero de ninguna manera a una entelequia ahistórica y atemporal; tampoco a un arquetipo en el sentido de Jung o de Mircea Eliade. Es posible que la expresión "el otro México" carezca de precisión, pero la verdad es que no he encontrado ninguna otra más a propósito. Con ella pretendo designar a esa realidad gaseosa que forman las creencias, fragmentos de creencias, imágenes y conceptos que la historia deposita en el subsuelo de la psiquis social, esa cueva o sótano en continua somnolencia y, asimismo, en perpetua fermentación. Es una

109

noción que viene tanto del subconsciente (individual) de Freud como de la ideología (social) de Marx. Una ideología que representa lo que el mismo Marx llamaba "la conciencia absurda del mundo" y que nunca es consciente del todo. Sin embargo, las concepciones de Marx y Freud, cada una por razones diferentes y que no analizaré aquí, me parece que no explican la totalidad del fenómeno: la existencia en cada civilización de ciertos complejos, presuposiciones y estructuras mentales generalmente inconscientes y que resisten con terquedad a la erosión de la historia y a sus cambios. Dumézil llama a estas estructuras "ideologías" pero usa el término en un sentido más cercano a Kant que a Marx: una cierta predisposición particular de la mente frente y hacia la realidad objetiva. En suma, para mí la expresión "el otro México" evoca una realidad compuesta de diferentes estratos y que alternativamente se pliega y se despliega, se oculta y se revela.

Si el hombre es doble y triple, también lo son las civilizaciones y las sociedades. Cada pueblo sostiene un diálogo con un interlocutor invisible que es, simultánea-

110

mente, él mismo y el otro, su doble. ¿Su doble? ¿Cuál es el original y cuál el fantasma? Como en la banda de Moebius, no hay exterior ni interior y la otredad no está allá, fuera, sino aquí, dentro: la otredad es nosotros mismos. La dualidad no es algo pegado, postizo o exterior; es nuestra realidad constitutiva: sin otredad no hay unidad. Y más: la otredad es la manifestación de la unidad, la manera en que ésta se despliega. La otredad es una proyección de la unidad: la sombra con que peleamos en nuestras pesadillas; y a la inversa, la unidad es un momento de la otredad: ese momento en que nos sabemos un cuerpo sin sombra —o una sombra sin cuerpo. Ni adentro ni afuera, ni antes ni después: el pasado reaparece porque es un presente oculto. Hablo del verdadero pasado, que no es lo mismo que "lo que pasó": las fechas, los personajes y todo eso que llamamos historia. Aquello que pasó efectivamente pasó, pero hay algo que no pasa, algo que pasa sin pasar del todo, perpetuo presente en rotación. La historia de cada pueblo contiene ciertos elementos invariantes o cuyas variaciones, de tan lentas, resultan imperceptibles. ¿Qué sabemos de

111

esos invariantes y de las formas en que se asocian o separan? Por analogía con lo que ocurre en otros dominios, vislumbramos que su modo de operación es la combinación de unos cuantos elementos; como en el caso de los procesos biológicos, el montaje cinematográfico o las asociaciones verbales de los poetas, esas combinaciones producen figuras distintas y únicas —o sea: historia. Pero es engañoso hablar de elementos y de invariantes como si se tratase de realidades aisladas y con vida propia: aparecen siempre en relación unos con otros y no se definen como elementos sino como partes de una combinatoria. De ahí que no sea lícito confundir estos complejos sistemas con los llamados factores históricos, sean éstos económicos o culturales. Aunque esos factores son, diría, el motor de la historia, lo que me parece decisivo, desde esta perspectiva, es determinar cómo se combinan: *su forma de producción de historia.* Tal vez en todos los pueblos y en todas las civilizaciones opera el mismo sistema combinatorio —de otra manera se rompería tanto la unidad de la especie humana como la universalidad de la historia—, sólo que en cada cultura el modo de asociación es distinto.

La otredad nos constituye. No afirmo con esto el carácter único de México —ni el de México ni el de pueblo alguno—, sostengo que esas realidades que llamamos culturas y civilizaciones son elusivas. No es que México escape a las definiciones: somos nosotros mismos los que nos escapamos cada vez que intentamos definirnos, asirnos. El carácter de México, como el de cualquier otro pueblo, es una ilusión, una máscara; al mismo tiempo, es un rostro real. Nunca es el mismo y siempre es el mismo. Es una contradicción perpetua: cada vez que afirmamos una parte de nosotros mismos, negamos otra. Lo que ocurrió el 2 de octubre de 1968 fue, simultáneamente, la negación de aquello que hemos querido ser desde la Revolución y la afirmación de aquello que somos desde la Conquista y aún antes. Puede decirse que fue la aparición del otro México o, más exactamente, de uno de sus aspectos. Apenas si debo repetir que el otro México no está afuera sino en nosotros: no podríamos extirparlo sin mutilarnos. Es un México que, si sabemos nombrarlo y reconocerlo, un día acabaremos por transfigu-

113

rar: cesará de ser ese fantasma que se desliza en la realidad y la convierte en pesadilla de sangre. Doble realidad del 2 de octubre de 1968: ser un hecho histórico y ser una representación simbólica de nuestra historia subterránea o invisible. Y hago mal en hablar de representación pues lo que se desplegó ante nuestros ojos fue un acto ritual: un sacrificio. Vivir la historia como un rito es nuestra manera de asumirla; si para los españoles la Conquista fue una *hazaña*, para los indios fue un *rito*, la representación humana de una catástrofe cósmica. Entre estos dos extremos, la hazaña y el rito, han oscilado siempre la sensibilidad y la imaginación de los mexicanos.

Todas las historias de todos los pueblos son simbólicas; quiero decir: la historia y sus acontecimientos y protagonistas aluden a otra historia oculta, son la manifestación visible de una realidad escondida. Por esto nos preguntamos: ¿qué significaron realmente las Cruzadas, el descubrimiento de América, el saqueo de Bagdad, el Terror jacobino, la Guerra de Secesión norteamericana? Vivimos la historia como si fuese una representación de enmascarados que

114

trazan sobre el tablado figuras enigmáti-
cas; a pesar de que sabemos que nuestros
actos significan, dicen, no sabemos qué es
lo que dicen y así se nos escapa el significado de la pieza que representamos. ¿Alguien lo sabe? Nadie conoce el desenlace
final de la historia porque su fin es también el fin del hombre. Pero no podemos
demorarnos en estas preguntas sin respuesta
porque la historia nos obliga a vivirla: es
la sustancia de nuestra vida y el lugar de
nuestra muerte. Entre vivir la historia e interpretarla se pasan nuestras vidas. Al
interpretarla, la vivimos: hacemos historia;
al vivirla, la interpretamos: cada uno de
nuestros actos es un signo. La historia que
vivimos es una escritura; en la escritura
de la historia visible debemos leer las me-
tamorfosis y los cambios de la historia invisible. Esa lectura es un desciframiento,
la traducción de una traducción: jamás
leeremos el original. Cada versión es pro-
visional: el texto cambia sin cesar (aunque quizá siempre dice lo mismo) y de
ahí que de tiempo en tiempo se descarten
ciertas versiones en favor de otras que, a
su vez, antes habían sido descartadas. Cada traducción es una creación: un texto

115

nuevo... Lo que sigue es una tentativa por traducir el 2 de octubre en los términos de lo que yo creo que es la verdadera, aunque invisible, historia de México: esa tarde la historia visible desplegó, a la manera de un códice precolombino, nuestra otra historia, la invisible. La visión fue sobrecogedora porque los símbolos se volvieron transparentes.

Las geografías también son simbólicas: los espacios físicos se resuelven en arquetipos geométricos que son formas emisoras de símbolos. Llanuras, valles, montañas: los accidentes del terreno se vuelven significativos apenas se insertan en la historia. El paisaje es histórico y de ahí que se convierta en escritura cifrada y texto jeroglífico. Las oposiciones entre mar y tierra, llanura y montaña, isla y continente, selva y desierto son símbolos de oposiciones históricas: sociedades, culturas, civilizaciones. Cada tierra es una sociedad: un mundo y una visión del mundo y del trasmundo. Cada historia es una geografía y cada geografía una geometría de símbolos: India

116

es un cono invertido, un árbol cuyas raíces se hunden en el cielo; China es un inmenso disco —vientre, ombligo y sexo del cosmos—; México se levanta entre dos mares como una enorme pirámide trunca: sus cuatro costados son los cuatro puntos cardinales, sus escaleras son los climas de todas las zonas, su alta meseta es la casa del sol y de las constelaciones. Apenas si es necesario recordar que para los antiguos el mundo era una montaña y que, lo mismo en Sumeria y Egipto que en Mesoamérica, la representación geométrica y simbólica de la montaña cósmica fue la pirámide. La geografía de México tiende a la forma piramidal como si existiese una relación secreta pero evidente entre el espacio natural y la geometría simbólica y entre ésta y lo que he llamado nuestra historia invisible. Arquetipo arcaico del mundo, metáfora geométrica del cosmos, la pirámide mesoamericana culmina en un espacio magnético: la plataforma-santuario. Es el eje del universo, el sitio en que se cruzan los cuatro puntos cardinales, el centro del cuadrilátero: el fin y el principio del movimiento. Una inmovilidad en la que se acaba y se reengendra la danza del cosmos.

117

Tiempo petrificado, los cuatro lados de la pirámide representan los cuatro soles o edades del mundo y sus escaleras son días, meses, años, siglos. Arriba, en la plataforma: el lugar del nacimiento del quinto sol, la era nahua y azteca. Un edificio hecho de tiempo: lo que fue, lo que será, lo que está siendo. Espacio, la plataforma-santuario es el lugar de aparición de los dioses y el altar del sacrificio: punto de convergencia entre el mundo humano y el divino; tiempo, es el centro del movimiento, el fin y el principio de las eras: presente eterno de los dioses. La pirámide es una imagen del mundo; a su vez, esa imagen del mundo es una proyección de la sociedad humana. Si es cierto que el hombre inventa dioses a su semejanza, también lo es que encuentra su semejanza en las imágenes que le ofrecen el cielo y la tierra. El hombre hace del paisaje inhumano historia humana; la naturaleza convierte la historia en cosmogonía, danza de astros.

La pirámide asegura la continuidad del tiempo (el humano y el cósmico) por el sacrificio: es un espacio generador de vida. La metáfora del mundo como montaña y de la montaña como dadora de vida se

118

materializa con pasmosa literalidad en la pirámide. Su plataforma-santuario, cuadrada como el mundo, es el teatro de los dioses y su campo de juego. ¿Cuál es el juego de los dioses? Juegan con tiempo y su juego es la creación y la destrucción de los mundos. Oposición entre el trabajo y el juego divino: el hombre trabaja para comer, los dioses juegan para crear. Mejor dicho, para ellos no hay diferencia entre jugar y crear: cada una de sus piruetas es un mundo que nace o que se aniquila. Creación y destrucción son nociones antitéticas para los hombres pero idénticas para los dioses: todo es juego. En sus juegos —que son guerras que son danzas— los dioses crean, destruyen y, a veces, se autodestruyen. Al inmolarse, recrean al mundo. El juego de los dioses es un juego sangriento que culmina en un sacrificio que es la creación del mundo. La destrucción creadora de los dioses es el modelo de los ritos, las ceremonias y las fiestas de los hombres: sacrificio es igual a destrucción productiva. Para los antiguos mexicanos *danza* era sinónimo de *penitencia*. Parece extraño pero no lo es: danza es primordialmente rito y éste es ceremonia que reproduce la creación del mundo por los dioses en un juego que es destrucción creadora. Hay una íntima conexión entre el juego divino y el sacrificio que engendra el universo; a ese modelo celeste corresponde otro humano: en el rito la danza es penitencia. La ecuación danza = sacrificio se repite en el simbolismo de la pirámide: la plataforma de la cúspide representa el espacio sagrado donde se despliega la danza de los dioses, un juego creador del movimiento y, por tanto, del tiempo humano; el lugar de la danza es igualmente, por las mismas razones de analogía y correspondencia, el lugar del sacrificio. Ahora bien, para los aztecas el mundo de la política no era distinto al mundo de la religión: la danza celeste que es destrucción creadora es asimismo guerra cósmica; esta serie analógica divina se proyecta en otra, terrestre: la guerra ritual (o "guerra florida") es el doble de la danza guerrera de los dioses y culmina en el sacrificio de los prisioneros de guerra. Destrucción creadora y política de dominación de los otros son la doble cara, la divina y la humana, de una misma concepción. La pirámide, tiempo petrificado, lugar del sacrificio divino, es también la imagen del Estado azteca y de su misión: asegurar la continuidad del culto solar, fuente de la vida universal, por el sacrificio de los prisioneros de guerra. El pueblo mexica se identifica con el culto solar: su dominación es semejante a la del sol que cada día nace, combate, muere y renace. La pirámide es el mundo y el mundo es México-Tenochtitlán: deificación de la nación azteca por su identificación con la imagen ancestral del cosmos, la pirámide. Para los herederos del poder azteca, la conexión entre los ritos religiosos y los actos políticos de dominación desaparece pero, como se verá en seguida, el modelo inconsciente del poder siguió siendo el mismo: la pirámide y el sacrificio.

Si México es una pirámide trunca, el valle de Anáhuac es la plataforma de esa pirámide. En el centro del valle está la ciudad de México, la antigua México-Tenochtitlán, sede del poder azteca y hoy capital de la República de México. Hay un hecho que posee una significación particular y en el cual, que yo sepa, nadie ha reparado: la capital ha dado su nombre al país. Es algo extraño. En casi todo el mundo —las excepciones se cuentan con los dedos— el nombre de la capital es distinto al de la nación. La razón, me parece, es la siguiente: hay una regla universal, aunque no formulada, que exige distinguir cuidadosamente entre la realidad particular de una ciudad y la realidad plural y más vasta de una nación. La distinción se vuelve imperativa si, como ocurre con frecuencia, la capital es una vieja metrópoli con una historia propia y, sobre todo, si esa historia ha sido de dominación de las otras ciudades y provincias: Roma/Italia, París/Francia, Tokio/Japón, Teherán/Irán, Londres/Inglaterra... Ni siquiera los centralistas castellanos se atrevieron a violar la regla: Madrid/España. La extrañeza del caso mexicano aumenta si se recuerda que para los pueblos que componían el mundo prehispánico el nombre de México-Tenochtitlán evocaba la idea de la dominación azteca. Mejor dicho: la realidad terrible de esa dominación. Haber llamado al país entero con el nombre de la ciudad de sus opresores es una de las claves de la historia de México, la historia no escrita y nunca dicha. La fascinación que han ejercido los aztecas ha sido tal que ni siquiera sus vencedores, los españoles, esca-

122

paron de ella: cuando Cortés decidió que la capital del nuevo reino se edificaría sobre las ruinas de México-Tenochtitlán, se convirtió en el heredero y sucesor de los aztecas. A pesar de que la conquista española destruyó el mundo indígena y construyó sobre sus restos otro distinto, entre la antigua sociedad y el nuevo orden hispánico se tendió un hilo invisible de continuidad: el hilo de la dominación. Ese hilo no se ha roto: los virreyes españoles y los presidentes mexicanos son los sucesores de los tlatoanis aztecas.

Si desde el siglo XIV hay una secreta continuidad política, ¿cómo extrañarse de que el fundamento inconsciente de esa continuidad sea el arquetipo religioso-político de los antiguos mexicanos: la pirámide, sus implacables jerarquías y, en lo alto, el jerarca y la plataforma del sacrificio? Al hablar del fundamento inconsciente de nuestra idea de la historia y de la política, no pienso nada más en los gobernantes sino en los gobernados. Es evidente que los virreyes españoles eran ajenos a la mitología de los mexicanos pero no lo eran sus súbditos, fuesen indios, mestizos o aun criollos; todos ellos, espontánea y naturalmente, veían en el Estado español la continuación del poder azteca. Esta identificación no era explícita y ni siquiera asumía una forma racional: era algo que estaba en el orden de las cosas. La continuidad entre el virrey y el señor azteca, entre la capital cristiana y la antigua ciudad idólatra no eran, por lo demás, sino uno de los aspectos de la idea que se hacía la sociedad colonial del pasado precolombino. En el ámbito de la religión la continuidad aparecía también: la aparición de la Virgen de Guadalupe sobre las ruinas de un santuario consagrado a la diosa Tonantzin es el ejemplo central, aunque no es el único, de esta relación entre los dos mundos, el indígena y el colonial. En un auto sacramental de Sor Juana, *El divino Narciso,* la antigua religión precolombina, a pesar de sus ritos sangrientos, aparece como una prefiguración de la llegada del cristianismo a tierras mexicanas. Para los españoles, el modelo histórico era Roma y su imperio; México-Tenochtitlán y, después, la ciudad de México, no fueron sino versiones reducidas del arquetipo romano. Del mismo modo que la Roma cristiana prolongaba, rectificándola, a la Roma pagana, la nueva ciudad

124

de México era la continuación, la rectificación y, finalmente, la afirmación de la metrópoli azteca. La Independencia no alteró radicalmente esta concepción: se consideró que la Colonia española había sido una *interrupción* de la historia de México y que, al liberarse de la dominación europea, la nación restablecía sus libertades y reanudaba su tradición. Desde este punto de vista la Independencia fue una suerte de restauración. Esta ficción histórico-jurídica consagraba la legitimidad de la dominación azteca: México-Tenochtitlán era y es el origen, la fuente del poder. Desde la Independencia el proceso de identificación sentimental con el mundo prehispánico se acentúa hasta convertirse, después de la Revolución, en una de las características más notables del México moderno. Lo que no se ha dicho es que los mexicanos, en su inmensa mayoría, han hecho suyo el punto de vista azteca y así han fortificado, sin saberlo, el mito que encarna la pirámide y su piedra de sacrificios.

A medida que progresa nuestro conocimiento del mundo mesoamericano, cambia nuestro juicio sobre los aztecas. Durante mucho tiempo se pensó que en México-Tenochtitlán había alcanzado su apogeo la civilización prehispánica. Ésa fue la idea de los españoles y ésa es, todavía, la de muchísimos mexicanos, sin excluir a varios historiadores, arqueólogos, críticos de arte y otros estudiosos de nuestro pasado. Pero ahora sabemos con certeza que el gran período creador de Mesoamérica es anterior en varios siglos a la llegada de los aztecas al valle de Anáhuac. Inclusive es probable que Teotihuacán no haya sido nahua, al menos exclusivamente. Así, pues, aunque existe una indudable relación entre la cultura de Tula y la de Teotihuacán —la relación del bárbaro que hereda e interpreta una civilización— es un error estudiar desde la perspectiva nahua (y más desde su tardía versión azteca) la totalidad de la civilización mesoamericana, que es una realidad más rica, diversa y antigua. Sobre esto me he explicado con alguna amplitud en otro estudio.* En todo

* "El punto de vista nahua", en *Puertas al campo*, México, 1966.

126

caso, la fase creadora de Mesoamérica —llamada por los arqueólogos actuales, no sé si muy exactamente, "período de las grandes teocracias"— termina hacia el siglo IX. La extraordinaria fecundidad artística e intelectual de esa etapa se debe, a mi manera de ver, a la coexistencia en distintas zonas del país de varias culturas originales, aunque posiblemente surgidas de un tronco común: mayas, zapotecas, la gente de Teotihuacán, la gente de El Tajín. No hubo hegemonía de un Estado sobre los otros sino diversidad y confrontación, ese juego de influencias y reacciones en que consiste finalmente toda creación. Mesoamérica no era una pirámide sino una asamblea de pirámides. Por supuesto, ese período no fue una época de paz universal como han dicho con ingenuidad algunos de nuestros arqueólogos. Teocráticas o no, esas ciudades-Estado no eran pacíficas; los muros de Bonampak conmemoran una batalla con su corolario ritual, el sacrificio de los prisioneros; y en Teotihuacán aparecen muchos de los símbolos que después figurarían en el culto solar azteca así como los emblemas de las órdenes militares del águila y el jaguar y varios indicios de canibalismo

127

ritual. Muchos estudiosos minimizan estos rasgos de la civilización mesoamericana, tendencia no menos nociva que la de aquellos que los exageran. Unos y otros olvidan que la ciencia no tiene por objeto juzgar sino comprender. Mesoamérica, además, no necesita ni apologistas ni detractores.

La segunda época, el llamado "período histórico", es la de las grandes hegemonías. Fue predominantemente nahua y se inicia con Tula y su dominación. Los toltecas llegaron hasta Yucatán y allá los mayas los vieron con la misma admiración y el mismo horror con que después verían a los aztecas. Para entender lo que significa el dominio de un pueblo sobre otro hay que haber visto esa serpiente nahua de piedra que recorre el muro frontal del templo consagrado al dios maya Chac en Uxmal: lo recorre y lo desfigura como el hierro la frente del esclavo. A la hegemonía de Tula, tras un período de confusión y luchas, sucedió la de México-Tenochtitlán. Los nuevos señores, hasta hacía poco nómadas errantes, por muchos años habían merodeado a las puertas de las ciudades que más tarde someterían. La versión azteca de la civilización mesoamericana fue gran-

128

diosa y sombría. Los grupos militares y sacerdotales, y a su imagen y semejanza la gente del común, estaban poseídos por una creencia heroica y desmesurada: ser los instrumentos de una tarea divina que consistía en servir, mantener y extender el culto solar y así contribuir a la conservación del orden cósmico. El culto exigía alimentar a los dioses con sangre humana para asegurar la marcha del universo. Idea sublime y aterradora: la sangre como sustancia animadora del movimiento de los mundos, un movimiento análogo al de la danza y al de la guerra. Danza guerrera de los astros y los planetas, danza de la destrucción creadora. Cadena de ecuaciones y transformaciones: rito→ danza→ guerra ritual→ sacrificio. En esta cosmología la edad nahua y la de sus herederos, los aztecas, era la quinta edad del mundo, la del quinto sol: el sol del movimiento, el sol guerrero que bebe sangre y cada día salva al mundo de la destrucción definitiva. Sol polémico, sol del movimiento: guerras, temblores de tierra, eclipses, danza del cosmos. Si el pueblo azteca era el pueblo del quinto sol, el fin del mundo se confundía con el de la supremacía azteca y de ahí que evitar ambos —por la guerra, el vasallaje de las otras naciones y el sacrificio— fuese al mismo tiempo una tarea divina y una empresa político-militar. La identificación de una era cósmica con su destino nacional es el aspecto más notable de la imbricación entre las ideas religiosas y filosóficas de los aztecas y sus intereses políticos. Uno de los informantes de Sahagún explicó de un modo memorable la verdadera significación religiosa de Huitzilopochtli, el dios nacional de los mexica: *el dios era nosotros*. No "el pueblo es dios" de los demócratas de Occidente sino *el dios es pueblo*: la divinidad encarna en la sociedad y le impone tareas inhumanas, sacrificar y ser sacrificada. La "paz azteca", como llama a la hegemonía mexica uno de sus eruditos idólatras contemporáneos, convirtió en institución permanente la guerra ritual: los pueblos vasallos, como el de Tlaxcala, tenían la obligación de celebrar periódicamente batallas campales con los aztecas y sus aliados para proveerlos (y proveerse) de cautivos destinados al sacrificio. Las naciones sojuzgadas constituían una reserva de alimento sagrado. La "guerra florida" combinaba la caza con el torneo y los dos con una institución filantrópica moderna: el banco de sangre.

Los aztecas modificaron su tradición religiosa nacional para adaptarla a una cosmología anterior, creada por los toltecas o, tal vez, por los mismos teotihuacanos. El dios tribal, Huitzilopochtli, "el guerrero del sur", ocupó el centro del culto; a su lado figuraron los otros grandes dioses de las culturas que los habían precedido en el valle de Anáhuac: Tláloc, Quetzalcóatl. Confiscaron así una visión del universo singularmente profunda y compleja para transformarla en un instrumento de dominación.* Religión solar e ideología expansionista, heroísmo sobrehumano e inhumano realismo político, locura sagrada y fría astucia, sacrificio y pillaje: entre tales extremos se movía el *ethos* azteca. Esta dualidad psíquica y moral estaba en correlación con el dualismo de su organización social y con el de su pensamiento religioso y cosmológico. Al dualismo original de los aztecas —rasgo distintivo de los nahuas y que quizá sea una característica de todos

* Varios autores han dedicado estudios al tema; entre los más recientes y perspicaces se encuentran los de Laurette Séjourné.

los indios americanos— se superpuso otro de orden histórico: la amalgama de las concepciones de los pueblos sedentarios de la Meseta con las de los nómadas que habían sido los aztecas. Religión solar y religión agrícola, observa Jacques Soustelle. En suma, al sincretismo en la religión y la cosmología corresponden, por una parte, esa duplicidad moral que he mencionado más arriba y, por la otra, un arte híbrido que va de lo sublime a lo grotesco y del estilo oficial al patético. Nuestros críticos de arte se extasían ante la estatua de Coatlicue, enorme bloque de teología petrificada. ¿La han *visto*? Pedantería y heroísmo, puritanismo sexual y ferocidad, cálculo y delirio: un pueblo de soldados y sacerdotes, astrólogos y sacrificadores. También de poetas: ese mundo de colores brillantes y pasiones sombrías estaba atravesado por breves, prodigiosos relámpagos de poesía. Y en todas las manifestaciones de esa nación extraordinaria y terrible, de los mitos astronómicos a las metáforas de los poetas y de los ritos diarios a las meditaciones de los sacerdotes, la obsesión, el olor, el tufo de la sangre. Como esas ruedas de suplicios que aparecen en las novelas de Sade, el año azteca era un círculo de dieciocho meses empapados de sangre; dieciocho ceremonias, dieciocho maneras de morir: por flechamiento o por inmersión en el agua o por degollación o por desollamiento... Danza y penitencia.

¿Por cuál aberración religiosa y social una ciudad de la hermosura de México-Tenochtitlán fue el teatro de agua, piedra y cielo de un alucinante ballet fúnebre? ¿Y por cuál ofuscación del espíritu nadie entre nosotros —no pienso en los nacionalistas trasnochados sino en los sabios, los historiadores, los artistas y los poetas— quiere ver y admitir que el mundo azteca es una de las aberraciones de la historia? El caso azteca es único porque su crueldad era el fruto de un sistema de impecable e implacable coherencia, un irrefutable silogismo-puñal. El puritanismo sexual, la represión de los sentidos y el peso aplastante de lo sagrado podrían explicar esa violencia pero no es ella lo que asombra y paraliza, sino los métodos realistas al servicio de una metafísica a un tiempo rigurosamente racional y delirante, la insensata siega de vidas ante una razón petrificada. No el furor homicida de Gengis Khan o de Timur ni la embriaguez en el asesinato y el incendio de los hunos blancos; más bien, inclusive por el esplendor de su ciudad y el carácter litúrgico y grandioso de sus matanzas, los mexica recuerdan a los asirios, que fueron también herederos de una alta civilización y que mostraron igual predilección por la pirámide trunca (*zigurat*). No obstante, los asirios no eran teólogos. En realidad, los émulos de los aztecas no están en Asia sino en Occidente, pues sólo entre nosotros la alianza entre política y razón metafísica ha sido tan íntima, exasperada y mortífera: las inquisiciones, las guerras de religión y, sobre todo, las sociedades totalitarias del siglo xx. A reserva de ofrecer, más adelante, una hipótesis que explique la singular seducción que nos ha impedido contemplar con objetividad el mundo azteca, aclaro que no pretendo que se le juzgue y menos aún que se le condene. México-Tenochtitlán ha desaparecido y ante su cuerpo caído lo que me preocupa no es un problema de interpretación histórica sino que no podamos contemplar frente a frente al muerto: su fantasma nos habita. Por eso creo que la crítica de México y de su historia —una crítica que se asemeja a la terapéutica de los psicoanalistas— debe iniciarse por un examen de lo que significó y significa todavía la visión azteca del mundo. La imagen de México como una pirámide es un punto de vista entre otros igualmente posibles: el punto de vista de aquel que está en la plataforma que la corona. Es el punto de vista de los antiguos dioses y de sus servidores, los señores y pontífices aztecas. Asimismo es el de sus herederos y sucesores: Virreyes, Altezas Serenísimas y Señores Presidentes. Y hay algo más: es el punto de vista de la inmensa mayoría, las víctimas aplastadas por la pirámide o sacrificadas en su plataforma-santuario. La crítica de México comienza por la crítica de la pirámide.

El segundo período de Mesoamérica estuvo marcado por Tula y México-Tenochtitlán. Ambos estados pesaron sobre los otros pueblos como esos gigantescos guerreros de piedra que los arqueólogos han desenterrado en la primera de esas ciudades. Repeticiones, ampliaciones, obras inmensas, grandeza inhumana —nada comparable al gran período creador. Pero lo que me interesa destacar es la extraña relación de los aztecas con la tradición mesoamericana. Es sabido que ignoraban todo o casi todo de las grandes "teocracias" que habían precedido a Tula. Confieso que esa ignorancia me estremece: es la misma de los europeos de los siglos oscuros ante la antigüedad grecorromana, la misma que sufrirán nuestros descendientes ante París, Londres, Nueva York... Si los aztecas tenían nociones rudimentarias y grotescas acerca de Teotihuacán y sus constructores, en cambio Tula les inspiraba ideas exaltadas. Los mexica afirmaron siempre y orgullosamente que eran los legítimos y directos herederos de los toltecas, es decir, de Tula y Culhuacán. Para entender la razón de esta pretensión hay que recordar que para la gente nahua la dicotomía universal *civilizado/bárbaro* se expresaba por estos dos términos: *tolteca/chichimeca*. Los aztecas querían negar su pasado chichimeca (bárbaro). Esta pretensión no tenía gran fundamento: antes de la fundación de México habían sido una banda de fugitivos fuera de la ley. El sentimiento de ilegitimidad, común a todos los bárbaros y advenedizos, fue una suerte de llaga en la psiquis azteca y, demás, una tacha en sus títulos de dominadores del mundo por voluntad de Huitzilopochtli. En efecto, Huitzilopochtli mismo, supuesto centro de la cosmografía del quinto sol y sustento del culto solar, no era sino un dios tribal, un advenedizo entre las antiguas divinidades de Mesoamérica. Por eso el tlatoani Izcóatl, aconsejado por el célebre Tlacaélel, el arquitecto de la grandeza mexica, ordenó la quema de los códices y documentos antiguos así como la fabricación de otros destinados a probar que el pueblo azteca era el descendiente de los señores de Anáhuac. Al afirmar su filiación directa con el mundo tolteca, los aztecas afirmaban la legitimidad de su hegemonía sobre las otras naciones de Mesoamérica. Ahora aparece con mayor claridad el sentido de la correlación entre la falsificación de la historia y el sincretismo religioso.

Las naciones sojuzgadas veían con escepticismo estas doctrinas. Los aztecas mismos, por su parte, sabían que se trataba de una superchería aunque nadie se atreviese a decírselo ni aun a sí mismo. Todo esto explica que, al recibir a Cortés, Moctezuma II lo salude como al enviado de alguien que reclama su herencia. Aclaro y subrayo: lo recibe no como al emisario del emperador Carlos sino como a un dios (o semidiós o mago-guerrero: los aztecas nun-

Moc + Cortés

ca llegaron a tener ideas definidas acerca de la naturaleza de los españoles) enviado para restablecer el orden sagrado del quinto sol, interrumpido con la caída de Tula. La llegada de los españoles coincide con un interregno en Mesoamérica: a la destrucción de Tula, la fuga de Quetzalcóatl (dios-jefe-sacerdote) y su profecía de regresar algún día, había sucedido la hegemonía de México-Tenochtitlán; pero el poder azteca, por razón misma de su origen bárbaro, estaba perpetuamente amenazado por la vuelta de aquellos que realmente encarnaban el principio del quinto sol, los legendarios toltecas. Para comprender la actitud del mundo mesoamericano frente a los españoles hay que recordar que, según la leyenda, el rey-sacerdote Topiltzin Quetzalcóatl nació el año 1 Ácatl (caña) y que su fuga y desaparición acaecieron 52 años más tarde, otra vez en la fecha 1 Ácatl. La creencia general era que Quetzalcóatl regresaría en un año 1 Ácatl ¡y Cortés llegó a México en 1519 o sea precisamente en 1 Ácatl! Es impresionante leer la arenga con que Moctezuma II recibe a Cortés: "Señor nuestro, te has fatigado, te has dado cansancio: ya a la tierra

138

tú has llegado. *Has arribado a tu ciudad: México*. Aquí has venido a asentarte en tu solio, en tu trono. Oh, por breve tiempo te lo reservaron, te lo conservaron, los que ya se fueron, tus sustitutos". El soberano no pone en duda los títulos sagrados del español; México pertenece a Cortés no por derecho de conquista sino de propiedad original: viene a recobrar su herencia. Y Moctezuma subraya que los que "ya se fueron" —es decir, sus predecesores, los antiguos soberanos de México: Izcóatl, Moctezuma el Viejo, Tizoc, Axayácatl, Ahuizotl— gobernaron sólo como *sustitutos* o regentes. No eran, como el mismo Moctezuma, sino los guardianes, los custodios de la herencia tolteca. El Tlatoani señala, no sé si lamentando el hecho o haciéndolo valer ante Cortés, que esa regencia duró poco: "Oh, que breve tiempo tan sólo guardaron para ti..." Es patética la insistencia de Moctezuma: "ha cinco, ha diez días que yo estaba angustiado: tenía fija la mirada en la Región del Misterio. Y tú has venido entre nubes, entre nieblas. Como que esto era lo que nos habían dejado dicho los reyes, los que rigieron, los que gobernaron tu ciudad: que habrías de

139

instalarte en tu asiento, que habrías de venir acá".* No puedo detenerme más en el análisis del tema. Habría que dedicar una vida entera al estudio y elucidación de la Conquista.

La actitud de Moctezuma y de la casta diligente de México-Tenochtitlán no es tan fantástica como a primera vista parece: el regreso de Tula y Quetzalcóatl se insertaban con naturalidad dentro de una concepción circular del tiempo. La idea nos choca porque nosotros los modernos, a un tiempo fanáticos y víctimas del tiempo rectilíneo e irrepetible del progreso, no podemos aceptar con todas sus consecuencias la visión del tiempo cíclico. En el caso de los aztecas, la idea del regreso del tiempo hundía sus raíces en un sentimiento de culpabilidad. El tiempo del principio, al regresar, asumía la forma de una *reparación*. Esto no habría sido posible si los aztecas no se hubiesen sentido culpables no sólo frente al pasado mítico de Tula sino también ante los otros pueblos. El extraño episodio de la aparición del dios Tezcatlipoca

* Cf. *Visión de los vencidos*, relaciones indígenas de la conquista. Introducción y notas de Miguel León-Portilla; versión de textos nahuas de Ángel Ma. Garibay K.

lo prueba. Como es sabido, ese dios tiene un papel decisivo en la historia de la caída de Tula. A la manera de Satán con Cristo y de Mara con Buda, Tezcatlipoca es el tentador de Quetzalcóatl, sólo que, más astuto y afortunado que aquéllos, valido de sus artes de hechicería logra que el dios asceta se embriague y cometa incesto con su hermana. Así se consuma la ruina de Quetzalcóatl y de su ciudad. Tezcatlipoca era particularmente venerado por los mexica. Pues bien, cuando Moctezuma II se entera de que Cortés y sus compañeros, lejos de escuchar sus ruegos o sus veladas amenazas, no se retiran por donde habían venido sino que marchan hacia México-Tenochtitlán, decide hacerles frente con un arma infalible: la hechicería. Así, destaca a un grupo de magos y hechiceros; el grupo se pone en camino pero, cuando los magos están a punto de encontrar a los españoles, tropiezan con un joven "que habla como si estuviese borracho" (¿poseído por el delirio sagrado?) que los detiene y les dice: "¿Qué cosa es la que queréis? ¿Qué es lo que hacer procura Moctezuma?... Ha cometido errores: ha llevado allá lejos a sus vasallos, ha destruido a las personas..."

141

Los hechiceros escuchan suspensos las palabras confusas y entrecortadas del joven "borracho". Cuando quieren tocarlo, éste desaparece. No obstante, siguen oyendo su voz: les ordena volver la mirada hacia abajo, hacia el valle en donde está la ciudad: "Ardiendo estaban los templos y las casas comunales y los colegios sacerdotales y todas las casas de México. Y todo era como si hubiera batalla. Y cuando los hechiceros todo esto vieron, se les fue el corazón quién sabe adónde. Ya no hablaron claramente... Dijeron: No era un cualquiera ése: ¡ése era el joven Tezcatlipoca!" Los magos regresan sin haber cumplido su misión y le cuentan a Moctezuma lo que habían visto y oído. El Tlatoani al principio se quedó sin habla, tal fue su abatimiento; más tarde murmuró: "¿Qué remedio, mis fuertes? ¡Con esto ya se nos dio el merecido...!" * Para Moctezuma la llegada de los españoles significa, en cierto modo, el pago de la vieja cuenta, la antigua falta de la usurpación sacrílega. La imbricación entre lo sagrado y lo político, que había servido a los aztecas para justi-

* Cf. *Visión de los vencidos.*

ficar su hegemonía, jugó en su contra al aparecer los españoles: la divinidad de estos últimos tenía el mismo origen que la pretendida misión cósmica del pueblo azteca. Unos y otros eran los agentes del orden divino, los mandatarios e instrumentos del quinto sol. Lo más curioso fue que los españoles no sospecharon la complejidad de las contrarias actitudes de los indios ante ellos. Y hay otro elemento que aumentó la confusión trágica de todos estos equívocos: los pueblos indios aliados a los españoles esperaban que la caída de México-Tenochtitlán pusiese fin al interregno, la usurpación y el vasallaje. Su horrible desengaño fue, quizá, el origen de su pasividad de siglos: al convertirse en los sucesores del poder azteca, los españoles perpetuaron la usurpación.

Herederos de México-Tenochtitlán, los españoles se encargaron de trasmitir el arquetipo azteca del poder político: el tlatoani y la pirámide. Trasmisión involuntaria y, por eso mismo, incontrovertible: trasmisión inconsciente, al abrigo de toda crítica

143

y examen racional. En el curso de nuestra historia el arquetipo azteca a veces se opone y separa y otras se funde y confunde con el arquetipo hispano-árabe: el caudillo. La oscilación entre estas dos figuras es uno de los rasgos que nos distingue de España, Portugal y los demás países latinoamericanos, ya que en todos ellos reina sin rival el caudillismo.* El tlatoani es impersonal, sacerdotal e institucional; de ahí que la figura abstracta del Señor Presidente corresponda a una corporación burocrática y jerárquica como el PRI. El caudillo es personalista, épico y excepcional; de ahí también que aparezca en momentos de interrupción del orden. El tlatoani representa la continuidad impersonal de la dominación; una casta de sacerdotes y jerarcas ejerce el poder a través de una de sus momentáneas encarnaciones: el Señor Presidente es el PRI durante seis años pero al cabo de ese término surge otro presidente que es una encarnación distinta del PRI. Distinta y la misma: doble exigencia de la institución presidencialista mexicana. La concentración de poder en manos del pre-

* Las excepciones son Chile, Uruguay y Costa Rica.

144

sidente es enorme pero nunca es un poder
personalista sino que es una consecuencia
de su investidura impersonal. La presidencia es una función institucional; el caudi-
llaje es una misión excepcional: el poder
del caudillo es siempre personal. El caudillo no pertenece a ninguna casta ni lo
elige ningún colegio sacro o profano: es
una presencia inesperada que brota en los
momentos de crisis y confusión, rige sobre
el filo de la ola de los acontecimientos y
desaparece de una manera no menos sú-
bita que la de su aparición. El caudillo
gobierna de espaldas a la ley: él hace la
ley. El tlatoani, inclusive si su poder brota
de la usurpación azteca o del monopolio
del PRI, se ampara siempre en la legalidad:
todo lo que hace, lo hace en nombre de
la ley. Nuestra historia está llena de tlatoanis y caudillos: Juárez y Santa Anna, Carranza y Villa. No ha habido, es natural,
ningún gobernante que haya sido absoluta-
mente tlatoani o íntegramente caudillo pero
hay un rasgo revelador de la secreta supremacía del modelo azteca: todos los jefes
que hemos tenido, aun los más arbitrarios
y caudillescos, aspiran a la categoría de
tlatoani. Hay una nostalgia mexicana por

la legalidad que no experimentan los otros caudillos hispanoamericanos; todos ellos —trátese de Bolívar y de Fidel Castro o de Rosas y de Perón— han creído y creen en el acto como hazaña en tanto que los mexicanos afirman el mismo acto como rito. En un caso la violencia es transgresión; en el otro, expiación. Con la fundación del PNR se inició el ocaso del caudillismo mexicano; también desde entonces se consolidó más y más el arquetipo azteca. No podía ser de otro modo: es el modelo mismo de la estabilidad y, después de cerca de veinte años de guerra civil y de querellas violentas entre los caudillos revolucionarios, la estabilidad es el valor político más buscado y apreciado en México. Pero los partidarios de la estabilidad à outrance olvidan una circunstancia que trastorna todo ese edificio piramidal en apariencia tan sólido: el PRI fue concebido como una solución de excepción y transición, de modo que la continuación de su monopolio político tiene cierta analogía con la usurpación de México-Tenochtitlán y su pretensión de ser el eje del quinto sol. La traducción de los términos políticos contemporáneos en conceptos míticos prehispánicos no se detiene

146

en la equivalencia entre la usurpación de la herencia revolucionaria por el PRI y la usurpación de la herencia tolteca por México-Tenochtitlán; el quinto sol —la era del movimiento, los temblores de tierra y el derrumbe de la gran pirámide— corresponde al período histórico que vivimos ahora en todo el mundo: revueltas, rebeliones y otros trastornos sociales. Ante las agitaciones y convulsiones del quinto sol, no serán la estabilidad, la solidez y la dureza de la piedra las que nos preservarán sino la ligereza, la flexibilidad y la capacidad para cambiar. La estabilidad se resuelve en petrificación: mole pétrea de la pirámide que el sol del movimiento resquebraja y pulveriza.

La plaza de Tlatelolco está imantada por la historia. Expresión del dualismo mesoamericano, en realidad Tlatelolco fue un centro gemelo de México-Tenochtitlán. Aunque nunca perdió enteramente su autonomía, después de un conato de rebelión reprimido con severidad por el tlatoani Axayácatl, vivió en estrecha dependencia del poder central. Fue sede de la casta de los mercaderes y su gran plaza albergaba, además de los templos, un célebre mercado

147

que Bernal Díaz y Cortés han descrito con exaltación minuciosa y encantada, como si contasen un cuento. Durante el sitio ofreció tenaz resistencia a los españoles y fue el último puesto azteca que se entregó. En la inmensa explanada de piedra, como si hiciesen una apuesta temeraria, los evangelizadores plantaron —ésa es la palabra— una iglesia minúscula. Aún está en pie. Tlatelolco es una de las raíces de México: allí los misioneros enseñaron a la nobleza indígena las letras clásicas y las españolas, la retórica, la filosofía y la teología; allí Sahagún fundó el estudio de la historia prehispánica... La Corona y la Iglesia interrumpieron brutalmente esos experimentos y todavía mexicanos y españoles pagamos las consecuencias de esta fatal interrupción: España nos aisló de nuestro pasado indio y así ella misma se aisló de nosotros. (No sé si se haya reparado que, después del extraordinario y ejemplar esfuerzo del siglo XVI, continuado parcialmente en el XVII, la contribución de España al estudio de las civilizaciones americanas es prácticamente nulo.) Tlatelolco vivió después una vida oscura: prisión militar, centro ferroviario, suburbio polvoso. Hace unos años el régimen transformó el barrio en un conjunto de grandes edificios de habitación popular y quiso rescatar la plaza venerable: descubrió parte de la pirámide y frente a ella y la minúscula iglesia construyó un rascacielos anónimo. El conjunto no es afortunado: tres desmesuras en una desolación urbana. El nombre que escogieron para la plaza fue ese lugar común de los oradores el 12 de octubre: Plaza de las Tres Culturas. Pero nadie usa el nombre oficial y todos dicen: Tlatelolco. No es accidental esta preferencia por el antiguo nombre mexica: el 2 de octubre de Tlatelolco se inserta con aterradora lógica dentro de nuestra historia, la real y la simbólica.

Tlatelolco es la contrapartida, en términos de sangre y de sacrificio, de la petrificación del PRI. Ambos son proyecciones del mismo arquetipo, aunque con distintas funciones dentro de la dialéctica implacable de la pirámide. Como si los hechos contemporáneos fuesen una metáfora de ese pasado que es un presente enterrado, la relación entre la antigua Plaza de Tlatelolco y la Plaza Mayor de México-Tenochtitlán se repite ahora en la conexión entre la nueva Plaza de las Tres Culturas y el

Zócalo con su Palacio Nacional. La relación entre uno y otro lugar es explícita si se atiende a la historia visible pero también resulta simbólica apenas se advierte que se trata de una relación que alude a lo que he llamado la historia invisible de México. Cierto, podemos encogernos de hombros y recusar toda interpretación que vaya más allá de lo que dicen los periódicos y las estadísticas. Sólo que reducir el significado de un hecho a la historia visible es negarse a la comprensión e, inclusive, someterse a una suerte de mutilación espiritual. Para elucidar el verdadero carácter de la relación entre el Zócalo y Tlatelolco debemos acudir a un tercer término e interrogar a otro lugar no menos imantado de historia: el Bosque de Chapultepec. Allí el régimen ha construido un soberbio monumento: el Museo Nacional de Antropología. Si la historia visible de México es la escritura simbólica de su historia invisible y si ambas son la expresión, la reiteración y la metáfora, en diversos niveles de la realidad, de ciertos momentos reprimidos y sumergidos, es evidente que en ese Museo se encuentran los elementos, así sea en dispersión de fragmentos, que podrían servirnos para reconstruir la figura que buscamos. Pero el Museo nos ofrece algo más —y más inmediato, tangible y evidente— que los signos rotos y las piedras desenterradas que encierran sus salas: en él mismo y en la intención que lo anima el arquetipo al fin se desvela plenamente. En efecto, la imagen que nos presenta del pasado mexicano no obedece tanto a las exigencias de la ciencia como a la estética del paradigma. No es un Museo sino un espejo —sólo que en esa superficie tatuada de símbolos no nos reflejamos nosotros sino que contemplamos, agigantado, el mito de México-Tenochtitlán con su Huitzilopochtli y su madre Coatlicue, su tlatoani y su Culebra Hembra, sus prisioneros de guerra y sus corazones-frutos-de-nopal. En ese espejo no nos abismamos en nuestra imagen sino que adoramos a la Imagen que nos aplasta.

Entrar en el Museo de Antropología es penetrar en una arquitectura hecha de la materia solemne del mito. Hay un inmenso patio rectangular y en el patio hay un gran parasol de piedra por el que escurren el agua y la luz con un rumor de calendarios rotos, cántaros de siglos y años que se derraman sobre la piedra gris y verde. El parasol está sostenido por una alta columna que sería prodigiosa si no estuviese recubierta por relieves con los motivos de la retórica oficial. Pero no es la estética sino la ética lo que me mueve a hablar del Museo: allí la antropología se ha puesto al servicio de una idea de la historia de México y esa idea es el cimiento, la base enterrada e inconmovible que sustenta nuestras concepciones del Estado, el poder político y el orden social. El visitante recorre encantado sala tras sala: el mundo sonriente del neolítico con sus figurillas desnudas; los "olmecas" y el cero; los mayas, mineros del tiempo y del cielo; los huastecos y sus grandes piedras en las que la escultura tiene la simplicidad de un dibujo lineal; la cultura de El Tajín: un arte que escapa a la pesadez "olmeca" y al hieratismo teotihuacano sin caer en el barroquismo maya, un prodigio de gracia felina; los toltecas y sus toneladas de escultura —toda la diversidad y la complejidad de dos mil años de historia mesoamericana presentada como prólogo al acto final, la apoteosis-apocalipsis de México-Tenochtitlán. Apenas si debo señalar que, desde el punto de vista de la

152

ciencia y la historia, la imagen que nos ofrece el Museo de Antropología de nuestro pasado precolombino es falsa. Los aztecas no representan en modo alguno la culminación de las diversas culturas que los precedieron. Más bien lo cierto sería lo contrario; su versión de la civilización mesoamericana la simplifica por una parte y, por la otra, la exagera: de ambas maneras la empobrece. La exaltación y glorificación de México-Tenochtitlán transforma el Museo de Antropología en un templo. El culto que se propaga entre sus muros es el mismo que inspira a los libros escolares de historia nacional y a los discursos de nuestros dirigentes: la pirámide escalonada y la plataforma del sacrificio.

¿Por qué hemos buscado entre las ruinas prehispánicas el arquetipo de México? ¿Y por qué ese arquetipo tiene que ser precisamente azteca y no maya o zapoteca o tarasco u otomí? Mi respuesta a estas preguntas no agradará a muchos: los verdaderos herederos de los asesinos del mundo prehispánico no son los españoles peninsulares sino nosotros, los mexicanos que hablamos castellano, seamos criollos, mestizos o indios. Así, el Museo expresa un senti-

153

miento de culpa sólo que, por una operación de transferencia y descarga estudiada y descrita muchas veces por el psicoanálisis, la culpabilidad se transfigura en glorificación de la víctima. Al mismo tiempo —y esto es lo que me parece decisivo— la exaltación final del período azteca confirma y justifica aquello que en apariencia condena el Museo: la supervivencia, la vigencia del modelo azteca de dominación en nuestra historia moderna. Ahora bien, ya he dicho que la relación entre aztecas y españoles no es únicamente una relación de oposición: el poder español sustituye al poder azteca y así lo continúa; a su vez, el México independiente, explícita e implícitamente, prolonga la tradición azteca-castellana, centralista y autoritaria. Repito: hay un puente que va del tlatoani al virrey y del virrey al presidente. La glorificación de México-Tenochtitlán en el Museo de Antropología es una exaltación de la imagen de la pirámide azteca, ahora garantizada, por decirlo así, por la ciencia. El régimen se ve, transfigurado, en el mundo azteca. Al contemplarse, se afirma. Por eso la crítica de Tlatelolco, el Zócalo y el Palacio Nacional

154

—la crítica política, social y moral del México moderno— pasa por el Museo de Antropología y es asimismo una crítica histórica. Si la política es una dimensión de la historia, la crítica de la historia es también crítica política y moral. Al México del Zócalo, Tlatelolco y el Museo de Antropología tenemos que oponerle no otra imagen —todas las imágenes padecen la fatal tendencia a la petrificación—, sino la crítica: el ácido que disuelve las imágenes. En este caso (y tal vez en todos) la crítica no es sino uno de los modos de operación de la imaginación, una de sus manifestaciones. En nuestra época la imaginación es crítica. Cierto, la crítica no es el sueño pero ella nos enseña a soñar y a distinguir entre los espectros de las pesadillas y las verdaderas visiones. La crítica es el aprendizaje de la imaginación en su segunda vuelta, la imaginación curada de fantasía y decidida a afrontar la realidad del mundo. La crítica nos dice que debemos aprender a disolver los ídolos: aprender a disolverlos dentro de nosotros mismos. Tenemos que aprender a ser aire, sueño en libertad.

Austin, octubre de 1969

impreso en editorial melo, s. a.
av. año de juárez 226 local d-méxico 13, d. f.
cinco mil ejemplares y sobrantes para reposición
31 de marzo de 1980